추천사

지금 대한민국에는 꿈이 없다. 분노만이 용광로처럼 끓고 있고 사회 곳곳에서 폭발음이 들릴 뿐이다. 생명체의 소중함이 무참히 짓밟히는 뉴스를 접할 때는 너무나 허탈하다. 무망감에 빠져있는 많은 젊은이들…. 3포, 5포, 7포를 넘어서 포기할 것이 너무도 많아 'N포 세대'가 넘쳐나고 "이번 생은 망(亡)했다"라는 '이생망 세대'를 우리는 무수히 지켜보고 있지 않은가? 이 시대 그들에게 정말로 필요한 것은 무엇일까? 그들의 아픔과 고통을, 아니 절규를 들어 줄 사람이 과연 우리사회에 있긴 하는가? 참으로 안타까운 현실이다.

하루에 37명, 1년에 약 13,513명의 사람이 자살이라는 극단적인 선택을 하고 있다. 생명은 소중하다. 고귀한 생명 우리 사회가 지켜야 한다. 국민의 생명을 지키는 메커니즘이 필요하다. 4차 산업혁명 시대로 접어들면 들수록 타인의 삶과 아픔을 헤아리고 살필 수 있는 사람이 더욱 필요하다. 이러한 시기에 참으로 반가운 소식이 들려 왔다. 정택수 자살예방센터장의 저서 '이대론 군생활 못하겠어요 (군상담관이 들려주는 20대 장병 고민스토리)'가 2쇄를 찍는다는 전언이었다.

이 책은 국방부 병영생활전문상담관이나 학교 기관단체의 자살예방전문가나 심리상담을 맡고 계시는 분들, 그 외에도 상담사를 관심 직업군으로 보시는 분들에게는 필독서라 할 수 있다. 사실 필자도 군에서 지휘관 시절 병영생활전문상담관들과 많은 대화를 나눠 보았다. 그들은 너무나도 헌신적이고 봉사적이었다. 생명을 구하기 위한 하늘에서 보내주신 천사였다. 그들의 진정한 삶을 우리 군과 장병들, 그리고 국민에게 선물하고 있다. 그 땀의 결정체가 바로 이 책이다.

군은 적극적으로 군 심리전문상담과 군 인성교육, 그리고 병사들의 진로코칭에 관심을 가져야 한다. 군 복무 후의 꿈과 희망을 병사들에게 주어야 한다. 그것이 군에서의 자살을 포함한 치명적인 사고를 줄이는 가장 큰 지름길이라 생각한다. 모쪼록 '이대론 군생활 못하겠어요'가 전 장병의 필독서로 지정되길 바라며, 더 나아가 자랑스러운 아들과 딸들을 군에 보낸 대한민국의 모든 아빠 엄마들이 꼭 읽어보아야 할 진정한 명서로 감히 추천하는 바이다.

변해영 박사(인성엔꿈 대표)

군 환경에 병영생활전문상담관으로 채용이 되고 받은 교육 시기에 이루어진 저자와의 만남은 특별함 자체였다. 모두와 함께 동행한다는 입지가 분명해 보였던 그때 당시의 모습은 지금도 머릿속에 역력하게 떠오른다. 이른 새벽 교육장에서 하루도 거르지 않고 만나게 되었는데, 어김없이 책이 들려 있었고, 동료들의 어떤 질문에도 한결같이 최선을 다한 조언과 정보를 나눠주는 그였기에 군 현장을 떠나 있는 지금도 긴 인연이 되고 있는 것 같다.

군 환경을 벗어났으나 군에 대한 애정만큼은 변함없었을 저자는 함께한 동료들은 물론이거니와 군 입대를 앞두고 있는 청년들과 그 가족들을 위한 도움의 행보로써 손색없어 보이는 책을 출간했다. 경계 없이 사람을 향해 따뜻한 관심을 베풀고 소소한 어떤 것도 소홀히 하지 않는 삶의 태도와 부지런한 삶 등을 여전히 저자에게서 배운다. 이제 그것을 더 많은 이들과 함께할 수 있을 것 같아 기쁘고, 저자의 소명이 어느 곳에서든 빛을 발하길 간절히 바래 본다.

남묘순(병영생활전문상담관)

이대론 군생활 못하겠어요

이대론 군생활 못하겠어요

초판 1쇄 발행　‖ 2011년 9월 15일
초판 2쇄 발행　‖ 2019년 4월 10일

지은이　‖ 정택수
펴낸이　‖ 정원철
펴낸곳　‖ 맘앤맘(Mam&Mam)

등록번호　‖ 제2016-000020호
주　　소　‖ 서울시 금천구 독산로36길 107-2
　　　　　　　Tel. 070-8777-1430
e-mail　‖ jwc072@naver.com

ISBN 978-89-965110-0-7　03180

값 11,800원

이대론 군생활 못하겠어요

군생활

못하겠어요

정택수 지음

맘앤맘
(Ɉ am & Ɉ am)

들어가며

   이 책을 첫 출간한지도 벌써 6년이 되었다. 당시 국방부 병영생활 전문상담관으로 장병들의 심리상담을 하며 최전방 지역에서 정신없이 보낸 시절이 이젠 추억이 되고 있다. 지금 필자는 대한민국 생명지 킴이로서 삶이 힘겨워 생명을 포기하려는 사람들에게 심리상담을 하고 생명존중자살예방 교육을 하고 있다. 그 당시보다 지금은 훨씬 더 전문적 상담경험도 많아진 지라 필자는 뒤돌아 보면 그때 더 잘 할 수 있었을 텐데 하고 아쉬움을 가지곤 한다.

   지금은 심리상담전문가인 병영생활전문상담관들도 사단급 2명에서 연대급까지 배치되게 되었고 그로 인한 병영 내 자살사망자도 대폭 감소되었다. 그렇지만 얼마 전 22사단 0일병이 국군수도병원에서 투신자살하는 사건이 일어났다.

   원인은 선임병들의 언어폭력 및 인격모독 등의 괴롭힘을 견디기 힘들었던 것으로 보인다. 늘 잔존하는 병영 내 악폐습 문화를 잡초 뽑듯이 뿌리 뽑아야 하는데 안타깝기만 하다.

   필자는 지금도 늘 군을 사랑하고 군 장병들을 사랑한다. 특히, 군 장병 자살사고소식을 접할 때마다 마음이 아파 온다. 그들 한 명 한 명은 이 세상에서 하나뿐인 '소중한 생명'이기 때문이다. 그들 부모님의 심정은 오죽할까?

나는 군이 좋아 20대 군장교로 3사관학교에 입교했다. 집이 가난하여 서울에서 주경야독하면서 친구의 권유로 군 생활을 시작하게 된 것이다. 시골출신이라 농사일, 나무땔감 준비 등 갖은 힘든 일들을 많이 했고 사회에서도 여러 힘든 경험들을 쌓다 보니 군대는 내게 오히려 적응하기에 쉬운 사회였다. 군 생활이 체질이라고 할 정도로 그렇게 직업군인으로 즐겁게 23여 년을 복무했다.

그러다 전역을 앞둔 수색대대장 시절, 매일같이 지휘관이 보낸 헌병속보가 군 인트라넷 메일로 수신되고 있었는데 나는 매일 사고 속보를 접하면서 장병 자살사고에 관심을 갖게 되었다.

너무나 꽃다운 우리 20대 젊은이들의 자살원인은 무엇이었을까? 해당부대 간부들의 실수는 무엇이었을까? 주의 깊게 관심과 사랑으로 자살을 예방할 수는 없었을까? 자살징후도 있었을 텐데 살릴 수 있는 방법은 없었을까?

이런 생각들이 나를 상담심리학을 공부하게 만들었고 결국 상담심리전문가가 되어 그들을 돕고 자살예방에 힘써야겠다는 마음을 갖게 되었다. 이후 나는 결국 국방부 병영생활전문상담관이 되어 최전방 화천에서 근무하게 되었다.

이번 책에 소개된 사례들은 필자가 직접 현장에서 상담하면서 부적응 병사들의 어려움을 경청하고 도움을 주고 그들이 변화되어나간 경험담들이다. 그들 대부분의 문제는 가정에 있었다.

　어린 시절 부모간에 갈등이 있고 결별하거나 이혼해 마음의 상처를 받은 경우, 부모와 애착관계가 지나쳐 스스로 아무것도 혼자 할 수 없는 성인아이의 모습으로 남아 있는 경우, 아니면 외로움과 향수병으로 힘든 유학생활에서 적응하지 못하고 군에 입대한 경우 등 이미 군생활에 적응하기 어려울 수밖에 없고, 어쩌면 위험상황이 이미 예고된 병사들이었다.

　외형적으로는 성숙한 젊은이의 모습인데, 내면적으로는 정신적, 사회적으로 성장이 멈추어버린 것이다. 내면의 미성숙된 아이들이 성장하도록 도와주고 성장시키는 일이 상담사들이 해야 할 중요한 몫이다. 이들을 상담하면서 가정의 중요성을 새삼 많이 느끼며 건강한 부모역할이 건강한 가정을 만들고 건강한 가정에서 건강한 자녀들이 성장한다는 것을 절실히 깨달았다.

　20대 남성들이 가장 많이 생활하는 곳, 군대. 대다수가 건강하고 믿음직스럽게 우리 조국을 잘 지키고 심신이 단련되어 사회로 돌아오게 된다. 그러나 그중에 일부 군 생활 부적응자들도 있다. 자살하는 병사들도 발생한다. 너무나 안타까운 일이다.

　물론 군장병 대다수가 용맹스런 젊은이들이지만 필자가 만난 병사들은 이미 그 부대에서 소대장, 중대장, 행정보급관, 대대장, 주임원사 등 관련간부가 수없이 상담하고 적응을 시켜보려고 노력을 기울였던 부적응병사들이었다. 그들 중에도 지금 가장 인상에 남는 병사들의 사례가 이 책에 실렸다.

이 책에 상담사례로 소개된 병사들에게 너무나 감사하다고 말하고 싶다. 사례를 풀어내다가 다소 그들에게 누가 되는 내용들이 있다면 정중히 사과하고 싶다. 생생한 사례들을 통해서 독자들과 함께 배우고 군에 입대하려는 젊은이들이나 그들의 친구, 부모와 군 상담에 관심이 있는 모든 이들에게 이 책이 도움이 되었으면 좋겠다.

끝으로 군에서 함께 근무하면서 상급자로서 따뜻한 지도와 도움을 주고 지금은 사람들에게 인성과 꿈의 선한 영향력을 전해 주시는 변해영 대표님과 현재 전방에서 힘겨운 장병들에게 열정적으로 심리상담을 통해 희망을 전해 주시는 남묘순 병영생활전문상담관님, 두 분께서 추천사를 기꺼이 써주셔서 진심으로 감사의 말씀을 전한다.

그리고 이 책이 나오기까지 글을 잘 다듬어 주시고 재출간할 수 있도록 도움을 주신 맘앤맘(인카네이션)의 정원철 대표님께도 깊은 감사의 말씀을 드린다.

2017년 8월 중랑구 한국자살예방센터 연구실에서

정택수

CONTENTS

네 번째, 병영상담 스토리3

첫 번째 스토리

1. 꿈 많은 우리 20대 청년들

20대 때면 누구나 군대 가기를 부담스러워하고 생각하면 지레 걱정부터 앞서는 것이 공통적인 마음일 것이다. 군 입대 장병의 평균연령은 만 19세에서 22세다. 이 연령대는 청소년기 후기 내지는 청년기 초기에 해당된다. 이들에게 "지금까지 살아오면서 가장 큰 변화요, 가장 큰 스트레스가 무엇이냐?"고 물으면 아마 대부분이 '군 입대'라고 답할 것이다.

이들은 군 입대와 동시에 민간신분에서 군인신분으로 변화되고 상명하복의 질서와 짜여진 틀속에서 생활해야 한다. 당연히 적응이 잘 되지 않는다. 군 입대 전에는 자고 일어나는 시간도 자유롭고, 여가생활도 자유로웠지만 군대에서는 새벽 6시가 되면 반드시 일어나야 하고 아침체조와 구보가 반복되기에 체력이 밑바탕 되어야 하는데 그렇지 못한 병사들은 초기부터 군생활에 어려움을 겪게 된다.

그래서 이 책을 쓰게 된 목적 또한 '입대를 앞둔 청년들이 군대 실정을 어느 정도 이해하고 보다 잘 준비해서 잘 적응해 나갔으면 하는 마음'에서다. 특별히 이를 위해 군대 부적응 병사들을 만나보면서 경험했던 실제 상담사례들을 제시하고자 한다.

군 장병들은 20대 꿈 많은 젊은이들이기에 그만큼 더 소중하고 그들이 결코 생명을 잃는 극단적인 상황까지 이르러서는 안 되기에 자살예방상담가로서 더욱 사명감이 느껴진다. 우리 모두가 장병들의 심리를 잘 이해하고 잘 보살펴주어서 더 이상 군대에서 우리의 젊은이들이 생명을 잃거나 부상을 입지 않았으면 하는 마음이다.

부모입장에서 그들 하나하나는 얼마나 귀중한 자식들인가? 군상담관으로 활동하면서 늘 부모입장에서 그들에게 관심을 가졌다. 특히 외아들이거나 형제 둘뿐인 가정의 장병들은 더욱 소중한 존재들로 여겼다. 대가 끊기고 부모 가슴에 평생 대못을 박는 심정, 누가 다 헤아릴 수 있겠는가? 군 장병들에게 일어나는 문제는 입대 후 군대적응을 잘 못해서일 수도 있지만 어린 시절부터 가정환경에서 문제를 안고 입대한 병사들이 대다수다.

2. 중이염 '꾀병'으로 몰려 자살한 육군 훈련병의 부치지 못한 편지(동아일보 기사내용 참조)

2011년 2월 27일 오전 11시 16분 충남 논산시 연무읍 육군훈련소 생활관 화장실에서 훈련병 정모 씨(21세)가 목을 매 숨겨 있는 것을 동료 훈련병이 발견해 부대에 신고했다. 유족은 "군이 아픈 훈련병의 호소를 꾀병으로 취급하는 등 적극적으로 대처하지 않아 일이 벌어졌다"며 철저한 진상조사를 요구했다.

숨진 정 씨는 최근 중이염 증세를 호소해 치료 중이었다. 정 씨의 옷 속에서 발견된 메모지에는 '고통스럽다. 식물인간이 되면 안락사 시켜주고 화장을 해 달라'는 글이 적혀 있었다. 또 정 씨 사물함에서 발견된 편지에는 중이염으로 인한 고통을 호소하는 내용이 담겨 있었다. 2월 10일, 13일 두 차례에 걸쳐 작성된 것으로 추정되는 이 편지는 발송은 되지 않았으며 정 씨가 숨지고 나서 유족이 돌려받은 유품 중에 포함돼 있었다.

정 씨는 이 편지에서 '설 연휴기간 동안 급성 중이염에 걸렸어. 엄마한테 걱정 안 끼치려고 일부러 말 안하려고 했는데 너무 답답하고 속상해서 말하게 됐어. 오른쪽 귀가 먹먹하고 물이 들어간 것처럼 그렇게 들려. 나 체력도 (좋아서) 오래달리기(를) 100명 중에 3등 했고 힘도 좋아서 훈련도 정말 잘 받을 수 있는데 중이염에 걸려서 너무 속상하고 마음고생하고 있어. 귀 때문에 가슴이 너무 답답해서 죽을 것 같아…' 라고 썼다.

또 '외부에서 약 보낼 수 있는 방법도 알아봐. 의무실은 항생제 정도밖에 안 주고 외래진료는 잘 안 보내줘. 이러다가 (중이염이 심해져) 귀 병신 되는 거 아닌지 모르겠어. 나중에 아예 안 들리면 어떡하지…. 미치겠다'고도 했다. 정 씨는 또 '귀만 괜찮아지면 훈련, 금연 따위는 아무것도 아닌데…'라고 심경을 토로했다.

면담 관찰기록(2월 15일자)에는 훈련소 측은 '(2월) 7일 우측 귀 중이염(사실상 중이염이라 보기 힘드나 본인이 아프다고 하니 중이염으로 판정함—군의관) 재진료 후 투약 5일 조치'라고 적혀 있다. 또 16일자에는 '이제는 우측 귀에서 이명(耳鳴)이 들리고 다른 소리가 들리지 않는다고 함'이라고 기록돼 있었다.

간호장교와의 통화 결과 "귀에 전혀 이상이 없다. 꾀병의 가능성이 농후하다"며 "의료기록에는 이상 없다고 군의관이 말을 해도 (정 씨가) '민간병원에서 진료 받고 싶다. 더 큰 병원에 보내달라. 못 믿겠다'고 항의하고 우는 등 소란을 피워 육군대전병원 이비인후과 진료예약을 급하게 하고 분대장을 통해 인솔시켰으나 (정 씨가) 치료를 거부하고 '정신과 진료를 받겠다고 함'이라고 쓰여 있다"고 했다.

정 씨 유족은 "중이염이 심각하다는 호소를 군이 묵살해 전문병원에서 치료받게 하지 않은 결과"라며 "(숨진 정 씨는) 편지에서 보듯 중이염을 제외하곤 군생활도 잘했는데 진료 요청을 꾀병 취급한 것은 이해할 수 없다"고 주장했다.

군 당국은 "정 씨의 중이염 및 이명현상에 대한 호소를 받아들여 10여 차례의 진료를 받게 했고 논산과 대전의 군 병원 이비인후과 군의관에게 치료받게 했다"며 "하지만 정 씨가 군 의료진을 불신했는지 처방해 준 약을 별로 먹지 않아 차도가 없었던 것으로 보인다"고 밝혔다. 군 의료진 또한 "집에 연락할 정도로 정씨의 증세가 심각하다고는 판단하지 않았다"고 했다.

'꾀병도 병이다' 하는 지휘관이 있었다. 그 지휘관의 말에 절대 공감한다. 군상담관 하면서도 주로 강조했던 말인데 오죽했으면 꾀병을 부렸겠는가? 군 의료진들은 중이염으로 정 훈련병이 고통 받는 것을 잘 알아주고 공감해 주었어야 했다.

정 훈련병은 처음엔 귀에 고통이 있었겠지만 이명현상 등으로점점 정신적 스트레스가 가중됐을 것이다. 우울증상, 불면증 등도 있었지 않았나 조심스레 생각해 본다. 그럴 정도였다면 숨진정 씨 부모에게 알려서 연계성 있게 관리가 되어야 했다. 육군훈련소에도 전문상담관이 있었을 텐데, 전문적 상담을 받게 해 주었는지? 궁금하다.

요즘 병사관리는 지휘자, 지휘관들이 마치 부모처럼 입체적으로 신상관리를 하고 있다. 왜 부모에게 알려서 관리하지 않았나? 필요하다면 속는 셈 치고 청원휴가라도 보내서 민간병원 진료를 받게 해 주었으면 어떠했을까?

이번 사례에서 보면 정 씨는 군병원을 불신하였고 약도 복용하지 않았다. 군에서 대형 병원인 OO 병원 정도라면 전문성 있게 군의관이 잘 진찰하고 진료했겠지만 믿음이 가지 않았던 거 같다. 자신의 귀 상태에 대해 이번 병사는 심리적으로 너무나 충격적이고 불안하고 절망적인 상태로 받아들였음을 알 수 있었다. 그는 자신의 미래에 대해서도 절망감과 두려움으로 무척 힘들어했다. 결국 육체적 고통이 정신적 절망으로 이어진 것이다.

군 관계자들에게 자신의 요구가 올바르게 받아들여지지 않자 결국 좌절감에 죽고 싶어 했을 것이다. 이런 관심병사라면 개인사물함과 수양록(신병교육대에서 나누어주는 일종의 군 일기장– 편집자 주) 등도 유의 깊게 확인해 보았으면 어떠했을까?

유서형식을 통해 자살의 경고사인을 했는데도 아무도 몰랐다.

물론 조심스럽게 확인되어야 한다. 개인 사생활 침해가 있기에 요즘은 개인사물함 확인이 제한되는 것은 사실이지만 어쨌든 관심병사이기에 조심스럽게 확인했어야 하지 않았을까? 주변동료들에게도 넌지시 "죽고 싶다"는 경고사인을 보내지 않았을까? 안타까운 마음만 가득하다.

3. 내가 상담사가 된 이유

　나는 전문대학을 졸업하고 장교의 푸른 꿈을 안고 군 문턱에 들어선 후 22년 복무생활을 마치고 다시금 사회인이 되었다. 하지만 그러고도 군에 미련이 남아서인지, 아직 군이 좋아서인지 다시 국방부 병영생활상담관에 응시하여 1년 간 최전방 GOP 부대에서 군생활 부적응 장병들의 심리상담을 했다. 국방부 차원에서 최전방에서 장병 복지가 우선 지원되고 있다고 하지만 근무하면서 아직도 환경의 열악함이 많음을 느낄 수 있었다.

　20대 젊은이들이 대다수 믿음직스럽게 군 환경에 잘 적응하지만 군 환경에 제대로 적응하지 못하는 장병들을 볼 때마다 안타깝고 얼른 도움의 손길이 미쳤으면 하는 마음이 컸다. 외형적으로 신체적 성숙은 빨랐지만 정신적, 사회적 성숙은 아직도 미성숙해 군생활에 잘 적응하지 못하고 대인관계 형성이 어려워 집단따돌림을 당하고 단체생활에 어울리지 못하는 병사들도 많이 보았다.

지난 1년은 최전방 철책선(GP)과 FEBA(페바, Forward Edge of Battle Area, 전투지역전단) 부대 등 도움이 필요한 곳이면 어디든지 달려가 상담을 지원해 준 바쁜 한해였다. 한편으론 현역 군생활보다 정신적으로는 더 힘든 시간이었던 거 같다. 그러나 보람이 컸고 행복했다. 내가 진정 해보고 싶었던 심리상담이었기에 더더욱 그러했다.

하지만 아쉽게도 1년 동안 내가 직접 상담하고 도움을 주었던 병사 중 두 명을 자살로 잃어야 했다. 필자 또한 자살유가족의 한 사람으로서 정신적 충격이 커서 며칠 동안 상담을 진행할 수 없었고 모든 일이 손에 잡히지 않았던 시간이었다.

자살한 병사 이야기를 좀 하자면 그 중 한 명은 일병으로 신병 위로휴가 중 자택에서 목을 매 자살한 경우였다. 이 친구는 이등병 때부터 관심을 가지고 상담을 했는데 우울증이 있어 군 정신과 병원에 몇 차례 치료를 받게 한 경험이 있었다.

소위 전문적 심리상담 및 인성교육을 통해 심리문제를 변화시키려는 'VISION CAMP' 라는 곳에도 갔다 오고 한동안 적응한 듯했다. 그러나 생활 잘 하는 척해서 휴가를 나가서 자살할 계획이었는지는 꿈에도 생각하지 못했다.

그래도 자살하겠다고 하는 자살경고 메시지는 통계적으로 80퍼센트가 남긴다고 했듯이 이후에 알게 된 거지만 이 친구도 자기와 마음을 터놓고 이야기하는 동기생에게 '언제, 어떤 방법으로 죽겠노라' 고 언급을 한 상태였다. 정말 말한 대로, 약속한 날 그 방법으로 일을 저지르고 만 것이다. 유언장도 있었지만 그것을 발견한 어머니는 중요하지 않게 생각했다. 아쉬운 대목이다. 비중을 두고 군부대에라도 알리고 좀 더 사전조치를 취했더라면 하는 아쉬움이 크다.

이 병사의 자살원인을 분석해 본다면 학창시절 운동을 잘 하고 몸도 좋아 본인은 복싱을 하고 싶어 했는데 부모님의 반대로 자기의 꿈을 이루지 못해 속으로 좌절감이 컸다. 부모는 이혼한 상태로 좋지 못한 가정환경이 자신을 힘들게 해 항상 실패한 사람이라는 인식이 마음속에 늘 자리 잡고 있었고 이에 따른 우울증이 있었고 부모에 대한 적대감, 공격성, 분노감이 내재되어 있었다.

일시적으로 전문적 상담을 통해 많은 변화를 보이고 군생활도 어느 정도 잘 적응하였고, 군에서 도움을 주어 휴가기간 고졸 검정고시 시험도 보았다. 그러나 사람의 마음은 다 알 수 없다고 했던가! 지금도 사람의 마음을 공부하고 있지만 여전히 어렵고 자신할 수 없는 부분이 많다.

휴가를 떠나기 전 부대 주변 간부, 선후임, 동료들은 그에 대해 "자살이란 말은 떠올릴 수 없을 정도로 군생활을 잘 했다"고 한다. 그러니 전문 상담관에게 상담의뢰도 하지 않았다.

정말 자살 위험자들은 그들이 생활을 잘할 때 더 조심하라고 했다. 때론 폭풍보다 고요함이 더 무섭다. 그때는 이미 자살을 결심했기에 외관상 마음이 편하고 잘 적응하는 것처럼 보일 수 있다. 그러니 그 순간 우리는 '설마…' 하고 자살하려는 사람들을 놓치고 마는 것이다.

자살한 다른 한 명도 일병이었다. 그 역시 목을 매 자살했다. 그것은 나에게 너무나 커다란 충격을 준 사건이었다. G일병은 입대 전부터 삶에 대해 비관적이었고 매사에 부정적이었는데 자대에 입대한지 얼마 안 된 이등병 때부터 상담을 요청해 왔다.

첫인상이 너무나 무서웠다. 전문 상담자로서 지금까지 만난 내담자 중에서 가장 접근하기 어려운 병사였다. 상담실 안에 냉기가 가득했다. 눈매가 매섭고 분노에 가득 찬 얼굴이 전체적으로 차가운 인상을 만들고 있었다. 말이 없었다. 묻는 말에만 "예", "아니오" 하고 답했다. 웃음도 없었다.

한동안 상담이 어느 정도 진행되고야 차츰 마음의 문을 열기 시작했다. 어릴 때 부모님이 이혼하고 혼자 외롭게 성장해 부모님에 대한 원망과 분노가 내재되어 있었다. 유일하게 자신을 스스로 위로해 주었던 것은 그림그리기였다. 어릴 때부터 그림그리기가 유일한 취미였다. 학창시절 친구들과 잘 어울리지 못했고, 운동도 좋아하지 않았다. 그래서 사회성이 부족하고 대인관계가 좋지 못한 상태였다.

특히나 단체생활이 중요한 군에 입대해서도 G일병은 사회적 관계형성이 어려웠고 당연히 부적응 병사로 판단돼 상담이 의뢰되었다. 군생활했던 남자라면 이해할 수 있는 중화기 중대 소속이었는데 평상시 주특기 훈련을 힘들어했고 행군시 중화기를 같이 메고 훈련해야 되다 보니 당연히 군생활을 버거워했다.

첫 회기에 과거사 탐색을 해보고 그동안의 정보(생활기록부, 신인성검사 결과 등)를 토대로 분석해 보니 자살위기 병사로 판정되었다. 과거에 자살시도가 있었고 삶을 부정적으로 생각하고 있었다. 필자 자신도 부담이 되는 병사였다. 그래도 G일병의 마음을 열 수 있었던 것은 그림을 통해서였다. 그림 그린 것을 토대로 서로 대화를 나누기 시작했다.

그림의 주된 소재는 사람이었다. 사람이 무기를 들고 있는 그림, 군복 입은 젊은이가 칼에 상처를 입고 목에서 피를 줄줄 흘리고 있는 그림, 한마디로 섬뜩했다. 그림을 통해 자신의 내면을 표출한 것 같았다. 현재 죽고 싶을 정도로 힘든 마음이 표현되고 있었다.

결론적으로 애초에 군생활이 힘든 '자살위기병사'로 간주하고 '최고조 위험상황병사'로 부대에 관심을 촉구했다. 상담결과를 지휘관에게 보고하면서 자살할 수도 있다고 전하고 관심 있게 관리하도록 부탁했다.

G일병은 2회기에서도 역시 "(마음이) 힘들다"고 했다. 상담 중 "최근 죽고 싶을 정도로 군생활이 어렵다"고 했다. "혹시 최근 자살하고 싶은 생각이 있었어?" 하고 물으니 "예, 언제든지

마음만 먹으면 죽을 수 있습니다" 라고 답했다. "그러면 어떤 방법으로 자살을 생각했어?" 하니 "주변에 자살할 수 있는 여러 가지가 흔하게 있습니다" 했다.

"그렇구나, 그러면 OO이가 준비한 도구를 가지고 있어?" 하고 물으니 군 체육복 하의 주머니에서 날카로운 흉기를 하나 꺼냈다. (침착하게) "그것을 나에게 줄 수 있지?" 하고 위해도구를 받아들고 잠시 살펴보니 살짝만 그으면 금세 손목절상이 되는 위험한 도구였다.

상담 후 위해도구를 해당 지휘관에게 보여 주고 상담결과 위험한 병사이므로 특단의 조치가 필요하다고 당부하였다. 대대장부터 상급부대까지 보고되어 이후 G일병은 사단 비전캠프에서 집중적으로 관리되었다.

G일병은 비전캠프[1]에서 생활하며 정신과 군의관 진료 등 자신을 변화시키고 군생활에 잘 적응할 수 있도록 여러 사람들의 도움을 받게 됐다. 그러나 결과적으로 캠프에서도 크게 달라지

---

1) 사단급에서 3주간 훈련 없이 인성교육, 집중상담 프로그램 등으로 진행되며 주로 군종참모(목사, 신부, 법사)와 병영생활전문상담관, 주임원사 등이 교육을 실시해 입소 인원들을 변화시키기 위한 제도이다.

거나 변화되지는 않았다. 여전히 자살위험이 높고 "군생활 적응이 어렵다"고 하니 현역부적합 심의를 통해 사회로 돌려보내는 방법을 강구하게 되었다.

그런데 현역부적합 심의에서 심사결과 사회로 나가지 못하게 되었고 다시 해당부대로 원복하게 되었다. 왜 그럴까 확인해 보니 서류상으로는 부적합 대상인데, 최후 본인의사를 물어보니 G 일병이 "원복해서 현 보직에서 좀 수월한 지휘관실 당번(지휘관 비서업무)을 하면 군생활을 다시 할 수 있다"고 말한 것이었다. 그러니 심사위원들도 심사결과를 부결로 처리해 원상복귀하게 한 것이었다.

☞ **현역부적합 심의**
: 현역에서 도저히 적응을 못하고 자살위험이 매우 높아 부대에 악영향을 끼칠 위험이 있는 병사들을 야전지휘관 의견을 수렴해서 심의하는 제도. 정신과 진료 군의관 소견서, 자살시도 경험, 야전지휘관, 동료, 전문상담관 의견 등을 고려해 심사위원들이 다각도로 분석하고 심의해 현역부적합으로 판단되면 사회로 나와 일정기간 공익근무요원으로 근무하게 된다.

야전부대 입장에서는 또 긴장의 연속이 되고 말았지만 그래도 대대장이 보직을 잘 조정해서 사고 없이 잘 적응시키려고 하였다. 그래서 G 일병은 대대장 당번으로 임무를 수행하게 되었다. 그리고 나서도 종종 필자에게 자주 "힘들다"고 전화를 해 와 상담을 해주곤 했는데 어느날부턴가 더 이상 전화가 오지 않는 것을 보고 이제 어느 정도 적응이 되는가 싶었다.

　야전부대 간부들에게 "00이가 요즘 군생활 잘하느냐?"고 물어봐도 "잘한다"고 하였다. 가끔 그 부대에 가면 슬쩍 잘 있는지 관찰해보곤 했다. 그래도 염려가 되었기 때문이다. 속마음이 어떤지, 00이는 여전히 자살위기 병사였다.

　그러던 00이에게 좋지 않은 상황이 발생했다. GOP부대이다 보니 00이 또한 근무하는 부대에 일정기간 철책선 GOP에 근무해야 하는 상황이 발생했다. GOP철책선 근무는 실탄, 수류탄 등으로 무장해 근무하다 보니 자살위기병사 등 문제병사들은 일부를 심의해 잔류시켜 타부대로 전출시킨다. 위험병사이다보니 상황이 좋지 않으면 실탄으로 동료들에게 피해를 입힐 수도 있기 때문이다.

　교대 시기 즈음 G일병은 심적으로 불안정했다. 현재 근무했던 부대에 계속 근무하고 싶었는데 그러지 못하고 새로운 부대에서 군생활을 해야 하는 심적 부담감이 컸을 것이다.

역시 G일병에게 전화가 왔다. 그래서 우선 급히 상담을 진행했다. 상담 중 알게 된 것이었는데 G일병의 혀가 일부 절상되어 몇 바늘을 꿰매고 약을 먹고 있었다. 한번 보자고 하며 자세히 살펴보니 혀 중간 부분까지 꽤 많이 절상된 상태였다. 좀 의아했다. 자해로 의심됐다. 그러나 자신은 대대회식하면서 고기 먹다가 깨물었다고 했다. 상식적으로 이해가 가지 않았다. 그런 경우라면 측면 일부분일 것인데…. 중앙부위까지 그렇게 심하게 깨물 수 있었을까?

상담 후 해당 군의관에게 이런 의문점을 전하니 자신도 나의 의견에 동감했다. 그러나 해당 지휘관, 부대 간부들은 실수로 깨물은 것으로 판단했다. 그래서 G일병은 그렇게도 힘들다고 하는 중화기 중대에 배치되어 새로운 동료들과 생활하게 되었다. 당연히 적응이 안 되었다. 기존 대다수 부대원들이 새로운 병사를 곱게 보지도 않을 것이며 주특기 등 잘하는 것이 없고 하다 보니 '집단 따돌림' 수준의 내부반 생활을 하며 적응이 힘들었을 것이다.

새로운 부대 간부들은 GOP 근무에서 잔류한 병사들을 특별관리한다. 나 역시 잔류한 병사들을 대부분 잘 알고 있었다. 해당 주임원사에게 잔류한 병사들 중에 "상담관으로 가장 위험한 병사는 OOO, △△△, □□□입니다. 특별히 잘 관리해야 합니다"라고 당부했다. 그중에 G일병도 포함돼 있었다.

　이후 다시 G일병의 전화를 받고 상담을 했다. "도저히 현재 보직에서 적응하기 힘들다"고 했다. 그래서 보직을 조정하는 방법을 강구하게 됐다. 주임원사에게 이러한 사실을 알리고 "좀 보직을 조정해 줘야 할 것 같다"고 조언했다. 그랬더니 한참 후에 대대 PX(면세점) 근무병을 제안했다.

　그래서 G일병에게 PX근무가 어떨지 의견을 물어보니 흔쾌히 "좋다"고 했다. 그리고는 한동안 그곳에서 업무를 배우며 어느 정도 잘 적응하는 듯했다. 한동안 전화도 없었다. '잘 적응하겠지?' 하였지만 한편으론 반신반의하면서 소식이 궁금하기도 했다. 언제 한번 PX를 가봐야겠다고 마음먹었다. 그런데 그 뒤 상담예약도 많고 바쁜 나날이 지속됐다.

　G일병이 자살하기 얼마 전 해당 부대에 들렀다. 물론 G일병은 만나지 못하고 다른 병사들을 상담했다. 한편으론 '잘 근무하겠

지' 라고 생각하면서 위병소에서 주임원사를 만나 "00이 근무 잘해요?" 물어보니 "잘한다"고 했다. 바쁘다보니 그날 만나지는 못했다.

사고가 있고 난 후에야 미리 만나지 못한 것에 대한 후회감과 자책감이 너무 크게 일어났다. 그가 자살했다는 소식을 야간에야 들었는데 그 시간은 00이가 힘들다고 나에게 전화하는 시간대였다. 그는 그렇게 세상을 떠났다. 화장실에서 목을 맸다고 한다. 충격이었다. 급하게 응급실로 이송되었지만 끝내 회복되지 않았다.

한동안 그의 얼굴이 눈앞에 아른거렸다. 배신감에 원망도 했다. '나에게 마지막 전화를 왜 안했냐'고. 그러면 내가 급히 도와줬을 것인데….

후에 해당부대 주임원사로부터 들은 바로는 PX에서 적응도 잘하고 보람을 느끼고 했었는데 어느 순간 관리관과 갈등이 생겼다고 했다. 관리관이 00이를 좋지 않게 보게 되고 혼을 내곤 했다고 한다. 그래서 주임원사와 대대장이 잘 적응하도록 도움도 주고 했는데, 자주 혼나고 관계가 좋지 못하다보니 내재돼 있던 자살충동이 일어난 듯했다.

'마지막 전화로 나에게 부탁을 좀 했더라면….' 하는 아쉬움이 너무나 크다. 한 생명을 지켜주지 못한 아쉬움일까? 더 이상 상담관에게 부탁하고 싶지 않아서였을까? 더 이상 쉬운 보직으로 옮겨달라고 아쉬운 소리를 하기 싫었을까? 혼자 이런저런 생각을 해본다.

그래도 자살위기에 있던 이등병 때 생명을 연장시키고 희망을 가지고 군생활 잘 적응시켜서 사회로 보내고 싶었는데…. G일병이 가진 절망감에서 희망을 찾아주려고 노력했는데 말이다.

자살한 G일병은 그림솜씨가 좋았다. 어린 시절부터 그림을 그려왔고 학창시절 그림을 잘 그려 선생님에게 칭찬도 받고 전국미술대회에서 입선도 했기에 "계속 열심히 그림을 그리면 우리나라 최고의 화가가 될 수 있어, 힘든 너의 모든 영혼을 담아 그림으로 승화시키면 최고의 화가가 될 거야" 하면서 희망을 주었는데 결국 그 꿈을 이루지 못하고 꽃다운 나이에…. 마음이 아프다. 이 글을 쓰면서도 그때의 장면들이 반복되어 마음이 짠하다. G일병의 명복을 빈다.

4. 나는 상담관이다

군 장교로 20여 년 넘게 군생활을 했고, 전역 후 정들었던 군 무대로 다시 돌아와 젊은 장병들을 돕고 싶어 전문상담관이 되었는데…. 군 전역을 앞두고 심리상담을 공부하게 된 근본적인 목적은 군에서 자살을 예방하고 마음이 힘들어 적응을 하지 못하는 병사들의 삶을 희망으로 인도하고 싶어서였는데…. 병사들의 자살사건을 겪고 나니 능력의 부족함을 많이 느끼고 힘마저 빠진다.

꽤 오랫동안 일이 손에 잡히지 않고 마음이 무거웠지만 그래도 마음을 추스리려고 노력했다. 또 나를 필요로 하는 병사들에 대해 상담을 해야 하기에 다시금 그들을 만나기 위해 전방 어디든지 달려간다. 강원도 최전방의 산야는 맑고 푸르른데, 내가 만나야 할 병사들의 마음은 왜 이리 회색빛인가? 왜 젊음의 푸른빛이 없고 회색빛에다 어둡고 우울하고 무기력한 젊은이의 모습인가? 에너지가 없고 무기력한 모습들인가?

그래도 그들에게 희망의 에너지를 불어넣어 주기 위해 노력한다. 그래서 그들 또한 상담관인 필자를 만나면 힘을 더 내고 변화하려는 자신감과 용기를 보여 준다. 역시 상담관으로서 힘이 날 때는 상담했던 병사들이 이전보다 회복이 되고 좋아져 군생활을 잘 적응해 간다는 간부들의 말이다.

5. 유난히 길었던 강원도 화천의 겨울

눈도 많이 왔고 춥기도 추웠다. 북녘 땅과 가장 가까이에서 마주보고 24시간 철통경계를 하고 있는 우리의 늠름한 장병들. 감시장비로 보면 북한 군인들의 근무하는 모습까지 바라보이는 GP(최전방 초소)에서 최전방 부대원들과 함께했던 1년. 그중 일부인원들은 군생활에 적응하지 못하고 힘들어 했고, 이미 가정에서, 학교에서, 사회에서부터 문제를 일으키고 입대해 군에서도 역시 잘 적응하지 못했다.

역기능적인 가정환경, 애착관계 형성의 결핍, 학교에서의 왕따·따돌림, 대인관계 부족, 혼자 있길 좋아하는 은둔형외톨이(히키코모리), 게임중독, 우울증으로 정신과 진료경험 내지 심리상담 치료 경험이 있는 병사, 더 심하면 자해 병사, 자해시도 후 실패경험 병사 등이 입대하면 역시 관심을 가지고 전문상담관 및 지휘관들이 그들을 적응시키기 위해 온힘을 쏟아붓게 된다.

직접 낳지는 않았지만 내 자식처럼 부대지휘관, 지휘자들이 온 정성을 다해 그들을 지도하고 관리한다. 이후에는 부모와 연계해서 군생활에 잘 적응하도록 최선의 노력을 기울인다.

요즘은 부적응 병사, 관심병사, 상담이 필요한 병사들이 너무 많은 상황이다. 과거 필자가 근무할 당시인 80년대에는 병사 중에 우울증이란 증상은 들어보지도 못했고 군내 자살도 그리 많지 않았던 시절이다.

이런 상황이 일어나는 원인에는 여러 가지가 있을 수 있다. 가정이 대가족에서 핵가족화되면서 대가족 시절에 형제들끼리 서로 대화하며 사회화 과정을 미리 체험했던 것이 지금은 핵가족화 되면서 외아들(딸), 아니면 두 명 정도의 자녀인 상황에서 서로 대화하며 사회화되는 환경이 제대로 만들어지지 않고 있다.

놀이문화도 과거 세대는 형제들과 친구와 함께 단체경기(축구, 전쟁놀이, 소꿉놀이, 고무줄놀이 등)를 통해 사회화 과정을 경험했지만 지금 세대는 인터넷 세대로 온라인 사이버상에서 친구를 만드는데 익숙하다. 또한 이들은 정(情)이 메말라가는 환경에 살고 있다. 서로 경쟁하며 이기주의로 인한 스트레스가 가중되는 시대에 살고 있다.

* 최근 우리 학생들, 청소년들의 자살문제가 심각한 상황에 이르렀다. 최근 신문기사를 참조해보자.

■ **학생 자살 8년째 세 자릿수 "심각"** (2011년 2. 7일자 포커스신문)

2009년 202명, 지난해(2010년) 146명

교과부 정신건강 검진 확대

지난해 스스로 목숨을 끊은 초 · 중 · 고교생이 모두 146명으로 집계, 2003년부터 8년째 세 자릿수를 기록, 이는 사상 처음 200명이 넘었던 2009년 보다 27.7% 줄어든 것이다. 2011년 2월 6일 교육과학기술부의 집계결과 2010년 학생자살자 수가 146명이며 그 원인은 가정불화가 46명(31.5%)으로 가장 큰 비중을 차지했다. 이어 염세비관 28명, 성적비관 18명, 이성문제 10명, 실직, 부도, 궁핍 등 가정형편 5명 순이었고, 원인을 알 수 없는 자살학생도 38명(26%)이나 되었다.

연도	2003	2004	2005	2006	2007	2008	2009	2010
자살 인원	100명	101명	135명	108명	142명	137명	202명	146명

교과부는 학생정신건강검진 사업을 확대해 내년까지 전국의

모든 초 · 중 · 고교를 대상으로 정신건강 검사를 벌이기로 했다.

■ **가출 청소년 10명 중 6명이 여학생**(2011년 2. 8일자 서울신문)

경찰청의 가출 청소년 통계 중 여학생이 차지하는 비중이 10명 중 6명을 차지하고 있다. 이에 대해 전문가들은 사회문제로 떠오른 여학생 가출에 대해 과거의 순종적 성향에서 일종의 '반란'을 일으킨 것이라며 체계적인 대책마련이 필요하다고 입을 모은다. 7일 경찰청의 최근 5년간 가출 청소년 중 여학생 가출건수는 2005년 7,099건에서 2009년 1만 3,463건으로 4년 만에 2배 가까이 증가했다.

전문가들은 남학생에 비해 여학생들의 가출이 급증하는 이유는 주변의 변화를 수용하지 못하는 사춘기의 복잡미묘하고 여린 감수성을 주된 요인으로 본다. 이는 가정불화 등 주변의 어려움이 생기면 여학생이 심리적 상처에 노출될 가능성이 남학생에 비해 더 높기 때문이라는 것이다. 결과적으로 가부장적 가정에서 억눌리며 받은 스트레스가 가출의 주된 원인이 되는 것이다.

김수정(18, 가명) 양은 "아빠가 오빠의 외박은 허락하면서 나는 항상 집에만 있게 했다. 고된 집안일을 도맡아 하게 했으며,

일을 제대로 못하면 때리기 일쑤여서 집을 나왔다"고 했다. 여학생들은 가출해 성매매 수단으로 전락할 수 있는 우려가 있어 더욱 높은 관심이 필요하다.

  *가출청소년 대상연령(만 9세~19세 이하)

■ 여학생 100명 중 8명 자살 시도, 10명 중 3명은 자살생각

  (2011. 1. 28일자 세계일보)

  여자 청소년 10명 중 3명 가량이 자살을 한 번 이상 생각해 봤고 여학생 100명 중 8명은 실제 자살을 시도해 본 적이 있는 것으로 나타났다. 여성가족부가 1월 27일 공개한 2009년 전국 청소년 위기상황 실태조사에 따르면 최근 1년 동안 자살에 대해 생각해 본 경험을 묻는 질문에 응답 청소년의 22%, 여학생의 28.9%가 "있다"고 답했다.

  또 실제로 여학생 100명 중 8명 꼴인 8.1%는 최근 1년간 자살을 시도해 본 경험이 있다고 답했다. 남학생은 이보다 낮은 비율인 5.5%가 자살을 시도해 봤다고 했다. 이 조사는 한국청소년상담원이 2008년 6월부터 2009년 6월까지 전국 중 · 고등학생 6만 9,754명을 대상으로 설문조사한 결과이다. 결과적으로 자살과 관련한 위험요소 등을 안은 '위기 청소년'이 전체 여학생의 16.3%로 남자 청소년(14.7%)보다 많은 것으로 분석됐다.

이러한 청소년 문제들이 증가될수록 군입대하는 장정들의 문제도 그에 비례해 증가한다고 보면 된다. 고교 졸업 후 대학생활 중 휴학하고 군에 곧바로 입대하거나 고교졸업 후 사회생활하다가 군에 입대하는 병사들은 얼마전까지 청소년기 문제로 방황하던 바로 그 청소년들이기 때문이다.

6. 군대가기가 두려운 이유

다음의 글들은 그간 군전문상담관을 경험하면서 상담일지 형식으로 글 가는 대로 풀어쓴 내용들이다.

2010. 5. 4일 인터넷 기사를 읽고(비보이, 정신분열증 행세해 군 면제 받아)

〈중앙일보 기사 중〉 지난해 초 국내 최초의 비보이 그룹 T.I.P의 멤

버렸던 이모(25) 씨는 국내 최대 규모의 비보이 경연대회를 3개월여 앞두고 징집영장을 받았다. 그해 9월엔 일본에서 열리는 세계대회에도 참가할 예정이었는데 만일 입대하게 되면 수년간의 연습은 한순간에 물거품이 되고 마는 상황이었다.

고민하던 이 씨는 술자리에서 팀 선배들에게 속내를 털어났다. 이 자리에서 한 선배가 이 씨에게 솔깃한 이야기를 했다. "정신분열증 환자 행세를 하면 군 면제를 받을 수 있다"는 것이었다. 그 선배는 "나도 그렇게 해서 군대에 안 갔다"며 "팀 안에 그런 사람이 여러 명"이라고 했다. 이 씨는 곧바로 서울의 한 정신병원을 찾았는데 의사를 속이기 위해 어머니와 동행했다. 어머니는 의사에게 "애가 자꾸 '환청이 들린다. 젊은 여자가 보인다'며 방 안에서 나오지도 않는다"고 말했다. 이 씨는 의사와 눈도 마주치지 않고 이상한 행동을 해댔다.

이 씨는 결국 정신분열증 진단을 받고 한 달간 입원 치료도 받았다. 징병 신체검사 규정에 따르면 6개월에서 1년 이상 신경정신과 치료를 받았거나 1개월 이상 입원한 경력이 있어야 5급 판정을 받을 수 있기 때문이었다. 두 달 후 이 씨는 군 면제 대상인 5급 판정을 받았다. 그 사이 이 씨는 국내대회에 팀원으로 참가해 우승했다. 이후 일본에서 열린 세계대회에서도 우승을 차지했다. 이 씨의 동료 2명도 같은 수법으로 각각 5급(면제)과 4급(공익근무) 판정을 받았다. 이들도 정신분열증 환자 행세를 해 진단서를 발급받는 수법을 썼다. 이 씨 등에게 방법을 자세하게 일러준 리더 황모(30) 씨 등 동료 6명 역시 같은 방법으로 모두 군에 가지 않은 사람들이었다. 한국비보이협회 부회장인 황 씨는 서울의 한 예술학교에서 무용학부 교수로 재직 중이었다. 하지만 이들의 행각은 결국 경찰에 덜미를 잡혔다. 비보이들 사이에 정신병 환자 행세를 해 군에 가지 않는 수법이 유행한다는 정보를 입수한 경찰이 수사에 나섰기 때문이다. 서울지방경찰청 광역수사대는 3일 이 씨 등 3명을 병역법 위반혐의로 불구속 입건했다. 나머지 6명은 공소시효가 지나 입건하지는 않았지만 이들도 모두 군 입대 대상이 되었다. 경찰이 수사결과를 발표한 3일 기자와 만난 이 씨는 "세계대회에 나가면 태극기를 어깨에 두르고 자랑스러워했었는데…. 지금은 부끄럽기만 하다"고 고백했다. 그는 "격렬한 춤을 춰야 하는 비보이들은 운동선수와 다를 바 없다"며 "20대 초반이 가장 왕성하게 활동할 때라 다들 군대에 가는 걸 두려워한다"고 밝혔다.

군 복무기간(2년) 동안 활동을 중단하면 감각을 잃어버려 무대로 돌아오기 어렵다는 것이다. 이 씨는 정신병 환자 행세를 한 이유에 대해 "어깨 탈골처럼 신체를 훼손하는 방법은 평생 춤을 추고 싶어 하는 비보이들에겐 치명적이기 때문"이라고 설명했다. 경찰 관계자는 "정신질환 등을 이유로 군 면제를 받은 다른 비보이 멤버들이 있는 지에 대해서도 수사를 확대하겠다"고 말했다.

정신질환자 행세해서 군에 안 온다면 누가 군복무를 하겠는가? 부모들까지 같이 속인다면 정신과 의사들도 속을 수 있구나 싶다. 연기, 쇼를 잘해 정신분열증 판정을 받기로 작정한다면, 이를 선별하기 힘들 수도 있을 것이다.

군 상담을 하면서도 일부 병사들은 군 회피 목적을 위해 그렇게 행세하기도 했다. 그러나 군대에서는 발

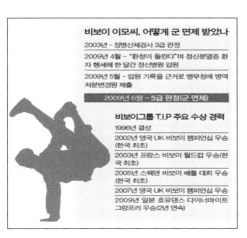

비보이 이모씨, 어떻게 군 면제 받았나
2003년 - 징병신체검사 3급 판정
2009년 4월 - "환청이 들린다"며 정신분열증 환자 행세로 한 달간 정신병원 입원
2009년 5월 - 입원 기록을 근거로 병무청에 병역처분변경원 제출
2009년 6월 - 5급 판정(군 면제)

비보이그룹 T.I.P 주요 수상 경력
1996년 결성
2002년 영국 UK 비보이 챔피언십 우승 (한국 최초)
2003년 프랑스 비보이 월드컵 우승(한국 최초)
2005년 스웨덴 비보이 배틀 대회 우승 (한국 최초)
2007년 영국 UK 비보이 챔피언십 우승
2009년 일본 호유댄스 다이너마이트 그랑프리 우승(2년 연속)

각되면 영창조치를 받으니 그런 일이 잘 생기지 않지만 사회에서는 오히려 선별하는데 어려움이 더 따르는 거 같다.

어제 한 신병을 상담했다. 병사는 초등학교 5학년 때 공부 스트레스로 옥상에 올라가 처음으로 자살을 시도하려다 부모님 생각이 나서 내려왔다고 한다. 그리고 고등학교 때 외할아버지가 자살하는 사고를 겪었다. 외할아버지는 H병사를 어릴 때부터 잘 보살펴 주고 H병사도 할아버지를 잘 따랐던 지라 외할아버지의 자살은 그에게 커다란 충격이었다고 한다.

결국 H병사는 자살유가족인 것이다. 외할아버지 자살사고 전 동일한 꿈─외할아버지 영정사진이 나타나고 결국 돌아가시는─이 반복되었으나 어머니에게 이야기를 못했다고 한다. 그래서 더욱 자신의 잘못이 컸다고 자책감에 빠져 정신적으로 많이 힘들었다고 한다.

'한번만이라도 그런 꿈을 꾸었다고 이야기를 할 걸⋯.' 하는 아쉬움, 죄책감이 너무 커서 꽤 시간이 흐른 뒤 군에 입대해서도 그 죄책감에 빠져 있었고, 이후 계속 한 달에 서너 번은 죽고 싶다는 말을 했다.

자기 전에 매일 혼자 눈물을 흘린다고 한다. 과거 외할아버지의 자살사고에 대한 자책감, 충격, 과거집착, 현재생활의 어려움, 부적응, 우울, 자살충동 우려 등 문제가 많았다. 남자가 눈물 흘리는 것에 대해 부끄러운 마음이 들 수도 있지만 자신을 위해 흘리는 눈물은 극히 유익하다.

요즘 강선영 한국상담심리치료센터 원장의 '내영혼의 눈물소리'를 읽고 있는데 본인이 직접 우울증을 겪은 힘들었던 과거를 이겨낸 내용이다. 현재는 그런 자신의 힘든 경험과 이론을 바탕으로 우울증이나 힘든 상처를 안고 살아가는 이들을 돕고 있다.

가족에게 받은 상처, 트라우마, 고통은 그것을 어떻게 생각하고 치료하고, 극복해 나가느냐가 중요하다. 우울증도 극복해내었을 때 인생에서 또 다른 성공을 이루어낼 수 있다.

그래서 "우울증은 신이 허락한 선물이다"라고 하지 않았던가. 누구에게나 올 수 있는 '마음의 감기' 라 하지 않았던가? 마음의 상처와 그동안 쌓여있던 분노와 화라는 독소들이 눈물로 표출됨으로써 결국 치료가 되는 것이다.

7. 00 부대 병력결산하던 날 (2010. 9. 29.)

가장 이슈가 되는 것이 H이병 자살충동 관련사항이었다. 누구나 H이병의 겉모습만 보면 복무기피성으로 보인다. 나는 그와 여러 차례 상담을 해왔기에 겉모습을 보고 판단하는 것은 위험하다고 생각한다.

얼마 안 있으면 H이병에게도 휴가가 계획되어 있는데 중대장, 00 과장, 지휘관들은 이런 병사를 휴가를 보내야 되는지, 보내지 말아야 하는지 고민하는 것 같았다. 휴가 나가서 자살하면 어쩔까? 마음을 놓지 못해서였다.

군내에서야 여러 시스템에 의해 관리할 수 있는데, 휴가 보내서는 그럴 수가 없다. 그래서 상담관인 나에게 의존하고 나의 말에 H이병의 거취가 좌우될 수도 있다.

어제 상담을 했다. 전입 올 때부터 지금까지 그의 마음은 변함이 없었다. 자살생각이 여전히 많다고 한다. 최근 5일전에도 손목을 두 번 그었다. 야간이 되면 자살생각이 더 많다고 한다. 신(神)도 부정한다. 부모는 이미 그의 마음을 떠난 상태였다. 낮에는 일상생활로 자살에 대한 생각들을 잊고 지내지만 밤이 되면 또 자살생각이 많이 든다고 한다. 군생활을 도저히 못하겠다고 한다. 그러면서 복무부적합 판정을 원했다. 그렇지 않다면 자살하고 싶다고 한다.

나는 상담결과를 OOO 과장에게 알리고 휴가를 취소시킬 것을 조언했다. 하지만 H이병은 휴가 중에 정신과 진료를 받고 싶다고 한다. 그리고 발길 닿는 대로 어디론가 가고 싶다고 한다. 혼자서 술을 마시고 싶다고도 한다.

우울증상과 자살충동이 내재된 상태에서 이런 이야기를 하니 자살위험에 고스란히 노출되는 상황으로 판단됐다. 보호요인이 없다. 그런 자살충동, 자살생각은 입대 전부터 이미 굳어져 온 '각인' (Imprint)으로 그의 부정적 생각을 변화시키기는 어려울 듯하다.

처음 손목을 그어 자살을 시도할 때는 다소 두려운 마음이 들었지만, 이제 죽음도 두렵지 않다고 한다. 자기생각을 제어하기 어렵다고 한다. 손목긋기와 약물과다 복용으로 확실하게 죽고 싶다고 한다. 목매기는 고통이 있을 것 같고, 실패하면 더 힘들 것 같다고 한다.

자살충동에 빠진 I 이병 (2010. 9. 29)

#1

자살생각과 충동이 많은 병사이다. 캠프에서 아무리 좋은 교육을 받아도 별 도움이 안 된다고 한다. 최초 1차 상담시 자살생각, 자살계획, 외박시 자살결심에 변함이 없음을 이야기한다. 개인수첩에 기록한 구체적 자살계획과 자살을 미화한 내용을 상담관에게 보여 주었다. 그래도 믿고 보여준 것에 감사했다. 비전캠프 입소는 희망하지 않았다. 자신은 왜 가야 하는지 모르겠다고 한다.

OO 참모는 이걸 가지고 OO 부대 입소심의 때 입소인원 기준에 대해 병사 의견을 최대한 반영하라고 이야기했다. 답답하다. 병사 개인은 입소하고 싶지 않지만 전문상담관의 상담내용과 지휘관 입장에서 입소시켜야 하지 않을까 생각한다. 너무 쉽게 병사 개인 이야기만 듣고 경솔하게 판단하는 것은 위험하다.

I이병 2차 상담시 1차 상담 내용이 사실임을 알 수 있었다. 최근 외박시에도 술을 먹고 자살을 결심했으나 실패했다. 이를 눈치 챈 소대장, 행정보급관이 현장에서 그를 부대로 복귀시켰다.

GOP 잔류인원으로 판단되었지만 자살이 매우 우려되는 병사다. 부대에선 자살하지 않고 휴가 중에 자살할 위험이 높다. 자신은 투신자살하고 싶다고 한다. 휴가 나가기 위해 부대에서는 생활을 잘 하려고 할 것이다. 이는 나가서 죽겠다는 숨은 의도이다. I이병은 겉모습은 생활을 잘하는 것으로 보이지만 내면엔 죽을 결심으로 가득한 거 같다.

#2

00 부대에서 자살했던 J병사도 마찬가지였다. 그는 휴가 중에 자살했다. 캠프복귀 후 동료들에게 잘 적응하는 것으로 안심을 시킨 뒤 동기생한테만 "휴가에서 복귀하는 날 칼로 죽겠다"고 자살메시지를 주었다. 경고사인을 주었는데 동기생 000 일병은 죽은 후에야 깨닫고 죄책감과 후회를 많이 했다.

설마가 사람 잡는다. 오늘 병력결산에서도 느낀 점은 자살위기자에 대해서는 조금도 방심하면 안 되고 관대해서도 안 된다는 것이다. 사고 후에 후회해선 이미 늦은 것이다.

동성애로 고민하는 K이병 (2010. 9. 30)

오늘 비전캠프에서 동성애 성향이 많은 K이병을 집중상담했다. 입대 전에 깊은 동성애는 아니지만 동성과 관계를 가졌고 오랜 기간 사귀었다고 한다. 1차 상담 때보다 얼굴표정이 좋고 대화도 잘 했다. 학창시절 친구들과 잘 사귀지 못했고 '은둔형외톨이'로 지냈다고 한다.

부모님 이야기가 나오니 가슴을 쥐고 눈물을 많이 흘렸다. 군대 남성집단에서 휴식시간에 주로 여자 이야기를 많이 하는데 자신은 대화하기 어렵고 무슨 말을 해야 할지도 모른다고 한다. 어떻게 맞장구쳐줘야 할지 모르겠고 실제 여자에게 관심도 없다고 한다. 소개팅도 싫다고 거절하고, 자꾸 소개시켜준다고 하면 상대방과 관계형성이 어려워지는 상태다.

캠프입소 인원 중에 같은 동성 중에 호감이 가는 사람이 있다고 한다. OOO 이병이었다. 사회에서 사귀던 친구와 비슷하게 생겨서 왠지 끌린다고 한다. 샤워할 때 호기심이 생긴다고 한다. 같이 샤워하지 않도록 당부하고 통제간부에게 알려주었다.

트랜스젠더(성전환 수술자), 게이(동성애자), 양성애 중에 자신은 게이라 한다. 자신은 여자 같은 남자는 싫어한다고 한다. 너무 마르거나 뚱뚱한 남성도 싫다고 한다. 어깨가 넓고 적당한 근육의 남자를 선호한다고 한다. 여자는 엄마와 여자 상담관과만

진지한 대화를 가졌다고 한다.

이번 주 화요일 여자 상담관(성격이 밝고 명랑함)과 상담했는데 괜찮았다고 한다. 부모와 같은 대구사람으로 명랑하게 상담해주어 좋았다고 한다. 앞으로 동성애 성향의 이 병사에게 군생활 적응을 어떻게 지도할지는 아직도 어려운 문제다.

전번 모 대대에서도 동성애가 심해 힘들어하는 병사를 면담한 적이 있다. 00 병사인데, 부대에서 근육질의 멋진 남자가 가슴을 뛰게 하고 흥분되어 참을 수 없다고 한다. 부대간부인 행정보급관도 호감이 간다고 한다. 특히 취침할 때 생각이 나고 마음이 힘들다고 한다. 연예인 중에도 가수 '비' 같이 근육질의 남자와 잘생긴 남자들이 마음이 든다고 한다.

군 집단에서 동성애는 현재로선 현역부적합 사유가 되지 않아 관리하기가 힘들다. 지휘관들과 관계자들의 부담과 걱정거리일 수밖에 없다.

핵심감정 탐구 (2010. 10. 2)

한국상담심리학회 월례모임에 참석했다. "실제 면담을 통한 '핵심감정'의 이해, 부제: 도 정신치료 핵심의 이해"라는 주제로 이동식 박사(한국정신치료학회 명예회장, 90세)의 주옥 같은 말씀을 들었다. 그는 상담의 대가 중에 대가로 한국의 살아있는 전설이다.

고령이라 말이 잘 안 들리니 한국통역으로 진행되었다. 이동식 박사는 상담의 정의에 대해 "상담은 느끼고 호흡하는 대화"라 했다. 사람과의 올바른 대화는 남의 말을 잘 듣는 것이라 했다. 또 '핵심감정'은 말을 안 해도 알아차려야 하는 것이라고 강조했다.

정신치료는 동토에 떨고 있는 환자에게 치료자의 인격(자비)으로 봄(春)을 가져다주는 것으로 이러한 정신치료의 과정은 공감을 통해서 이루어지며, 남을 공감하려면 치료자의 욕심이 비워지고 자비심으로 가득 차 있어야 한다고 했다. 즉 치료자가 자기 문제에 걸려 힘들어하면 안 되는 것이다.

정신병의 뿌리인 신경증(노이로제)은 어려서 받은 마음의 상처가 풀리지 않고, 마치 눈을 굴리면 점점 커지고 굳어지듯이, 세월이 흘러 크고 단단해져서 녹지 않는 '핵심감정'으로 굳어진 것이라 했다. 핵심감정은 치료자를 쳐다보는 눈, 태도에 나타나 있으며 첫 번째 기억, 반복되는 꿈, 일거수일투족에 드러난다고 했다. 치료시간에 지각을 하는 사람의 마음을 캐보면 핵심감정이 잘 드러나는데 본인이 깨닫지 못하고 고치지 못하는 사이에 반복되고 고치지 못하는 속에 핵심감정이 숨어 있다고 했다.

프로토콜에서 질문기법이 환자 본인 얼굴 → 환경 → 어머니와 아버지(부부관계) → 부모와 자신(환자)과의 관계, 부모형제 관계 등으로 확대돼 주호소 문제, 핵심감정을 파악한다고 했다.

핵심감정은 무의식의 어린 시절의 마음의 상처로 볼 수 있는데 엄마와의 관계에서 미운 분노감정이 무의식에 굳어진 것이라 했다. 어린 시절 6세에 매를 맞은 기억, 초등학교 입학식 때 놀림 받은 기억, 맨살에 막대기로 마구 맞았던 기억 등 상담치료를 통해 죽이고 싶은 핵심감정들(화, 분노, 울분)을 다 털어놓아야 낫는다.

* 내담자가 사이코드라마를 통해서 핵심감정을 털어놓고 펑펑 울게 할 수도 있다. 눈물은 치료를 가져다준다.
* 道 정신치료의 정수는 얼은 땅에서 떨고 있는 환자에게 봄(春)을 가져다주는 것이다.

#핵심감정 실제 케이스

어리바리하고 일거수일투족에 핵심감정이 들어 있는 내담자다. 핵심감정을 해결하지 못하면 평생 죽을 때까지 갈 거 같다. 떠오르는 어린시절 첫 번째 기억을 물으니 어릴 때 어머니가 바구니 같은 데다가 내담자를 담아두었다고 한다. 바구니 같은 데 딱 담아 놓고, 울면 가서 젖을 줬다고 한다. 그 바구니에 담겨 있을 때 심정이 어땠는지 물으니 '구속'(핵심감정)이란 느낌이 들었다고 했다. 지금도 자신의 감정대로 살 수 없다고 했다. 지금 A는 자신의 문제를 풀고 나가든지 풀어 달라 하든지 해야 되는데 이 말도 못하고 가만히 있는 상태다.

道정신치료를 달성하기 위해 치료자는 자신의 마음을 정화해야 한다. 이것을 불교에서는 정심(淨心, 空)이라 하고 도교에서는 심재(장자), 무위(노자)라 하며 정신분석에서는 투사(역전이, Counter-transference)가 없는 것을 말한다.

치료자가 피치료자에게 진심으로 공감해 주고, 그의 억압되고 왜곡된 정서를 풀어주며, 더 이상 불필요한 투사, 전이 등을 일으키지 않도록 해 주는 과정이 필요하다. 치료자가 먼저 '마음의 걸림이 없는 상태'가 되어야 한다. 이는 상담사들 모두에게 매우 중요한 대목이다.

기질별로 다른 욕구들 (2010. 10. 3)

일요일인데, MBTI와 상담 및 심리치료를 심혜숙 교수에게 교육받았다. 기질별, 심리적 게임, 개인상담에 대해 이론교육과 그룹작업을 했다. 상담을 전문으로 하면서 MBTI 유형별 특성과 상담자인 나 스스로 내담자가 어떤 기질인가에 따라서 상담전략 및 기법을 달리해야 함을 배웠다.

기질별 워크숍을 통해 어떻게 약속이나 한 듯이 각 기질별로 주로 비유되는 단어, 상징하는 동물, 우리 삶의 주제가 비슷하게 나타났다. 정말 수십 년 전이나 지금이나 같은 기질별로 공통점들이 표현되는 것이 놀라웠는데 이것은 융(Jung)이 말하는 집단 무의식으로 이해할 수 있다. 우리는 살아가면서 욕구를 충족해 가며 산다. 그런데 기질별로 욕구가 서로 다르다. 욕구가 채워지면 사람을 즐겁고 행복하게 만든다. 매슬로우(Maslow)의 말처럼 욕구를 단계별로 채워나갈 때에야 비로소 즐겁고 행복하다.

그러기 위해서는 먼저 '나' 중심이 되어야 한다. 남에게 끌려

가고 주도권을 빼앗기면 나 자신이 행복하지 못하게 된다. 누가 뭐래도 나의 존재감(Self-esteem)이 높으면 내 중심이 된다. 내가 키(Key)를 가지고 있어야지 주도권이 남에게 있으면 즐겁지도 행복하지도 못하게 된다.

이번 교육을 통해 기질별 상담전략기법의 중요성과 기질별 역기능에 대한 문제를 어떻게 이해하고 도움을 주고 변화시킬 것인가?에 대해 깨닫게 됐다. 앞으로도 교육을 통해 배운 것들을 상담현장에서 잘 적용할 수 있도록 기술(Skill)을 향상시켜나가야 할 거 같다.

부적응 병사들 (2010. 10. 4)

#1

오늘은 한 부대에서 네 명을 상담했다. N이병은 운동하다 다리를 다쳐 깁스를 했는데 육체적으로 힘들다보니 정신적으로도 힘들어 했다. 외형적으로도 왜소하다 보니 내무반에서 이리 치고 저리 친다고 한다.

모 선임에게 복종은 하지만 쌓이고 쌓인 분노가 많았다. 자신이 싫어하는 타입에 이중인격이라 한다. 후임들이 잘한 것을 자신이 한듯이 잘 보이려 하는 것이 가장 싫다고 한다.

훈련도 열외하지 않고 열심히 했는데 다치다보니 미안해서 식사하기도 싫다고 한다. 소대장, 소대원들과 마주치면 밥 먹다가도 피하고 싶다고 한다. 낮은 자아강도를 지니고 있어 남을 너무 의식하며 살아 앞으로 배짱 있게 자신감을 가지고 생활하라고 조언해 주었다.

남들은 실제로 자신에게 뭐하고 하지 않는데, 지나치게 남의 눈치를 보고 예기불안이 많아 잠도 잘 못잔다고 한다. 불필요한 걱정을 스스로 만들고 있었다. 문제의 열쇠는 결국 자기 자신이 가지고 있다. 이런 사실을 내담자에게 이야기해주고 마음을 편하게 갖고 지나친 걱정을 줄이도록 당부해 주었다.

N이병은 싫어하는 선임과 같이 생활하기 싫어 대대를 떠나 GOP 근무를 서고 싶다고 한다. 최전방에서 근무하고 싶은 이유를 물으니, 자부심 때문이라고 한다. GOP에서 근무하다 죽어도 좋으니 보내달라고 한다. 어떻게 보면 참으로 신기하다. 다들 전방근무를 피하려 하는데 N이병은 근무하고자 하는 이유가 뚜렷하다. 그러나 지휘관 입장에선 신중하게 고려해야 하니 개인의

견을 들어줄지 미지수다. 아무튼 나는 긍정적으로 그를 이해하고 싶다.

#2

OO 부대 병역심사대 심의에서 부결되어 다시 돌아온 O이병을 상담했다. 행정반에 들어가니 큰 동작으로 거수경례를 하는데 얼굴에 근심이 없이 천진난만해 보였다. 상담 시간에도 고민스러운 얼굴이 아니라 즐거운 얼굴로 이런저런 말을 많이 했다.

병역심사대에 가보니 자신보다 더 심한 병사들(약 과다복용하다 위세척한 병사, 손목절상당한 병사 등)을 보며 자신은 그중에서 가장 정상이라 한다. 부결원인은 관찰기간이 적다는 것이었다. 증상은 '적응장애'다. 가정에서나 학창시절에서나 혼자 생활에 익숙했다. 즉 관계형성을 잘 하지 못하고 적응할 줄 모르는 병사다. 그래도 신병 때보다는 좀 나아진 것 같았다.

부적응 정도를 최초에 10점에서 현재는 30점 정도라 한다. 자신이 스스로를 점수체크한 것이었다. 어쨌든 잘 적응시켜보기로 했다. 휴가 간다면 휴가 가서 오기 싫을 거 같아 아예 휴가를 나가지 않겠다고 한다. 신통하다. 사고예방을 지레 스스로 걱정하니 말이다. 간부들이나 지휘관들은 노심초사 병사들의 사고에 민감하다.

상담을 마치고 대대장에게 상담했던 병사들에 대해 간단하게 피드백하고 상담결과에 대해 차후 조치방안을 대화하며 조언해 주었다.

러브캠프 (2010. 10. 5)

러브캠프(부적응 병사들을 위한 변화프로그램)에서 3명의 병사들을 상담했다. 이중 P이병에 대해 집중 관심을 가졌다.

P이병은 부모와의 관계가 좋지 않고 어릴 때 계모가 들어온 뒤 가정폭행 등으로 열세 번이나 가출을 했다. 아버지에게도 사랑과 관심을 많이 받지 못했다. 이런 이유로 내재된 분노가 가득했다. 최근에도 군생활하면서 짜증나고 화가 나서 선임들에게 대들고, 욕설을 해서 단체생활에서 걸림돌이 되고 내무반에 불협화음을 일으켰다.

상담을 해보니, 최근 캠프에서도 내가 왜 사는지 모르겠고 삶의 목적도 모르겠다고 한다. 미래가 안 보인다고도 한다. 그러다 보니 우울하고 스트레스가 쌓인다고 한다. 미래에 대한 희망이 느껴지지 않는 것이었다.

덴마크 철학자 키에르 케고르는 "절망은 죽음에 이르는 병"이라 했다. 그 말이 맞는 것 같다. 상담을 하다 보면 삶에 대한 희망이 없는 병사들을 자주 만날 수 있다. 죽고 싶은 생각이 가득하거나 자해시도까지 한다. 안타까운 마음이다.

이번 P병사는 부모, 친구 등 주변의 지지를 거의 받지 못하고 성장했는데 그나마 단 하나의 희망이라 할 수 있는 것이 바로 여자 친구였다. 4년간 사귄 현재 고 2학년의 여학생이다. 그런데 양가 부모들이 반대하고, 여자 친구의 가정 내 부모 사이도 안 좋고, 이 여자 친구와 엄마 사이도 안 좋다고 한다.

최근 여자 친구의 편지에서 '힘들다. 연락하지 말라. 만남을 다시 생각해봐야겠다' 등이 적힌 내용을 받고 마음이 좋지 않다고 한다. 자신의 편지를 보내도 부모들 때문에 여자 친구에게 피해가 갈 거 같아 연락도 못하고 마냥 기다려야 하는 상황이라고 한다.

그러니 하루하루가 힘들고 죽고 싶은 생각에 빠지는 것이다. 캠프에서 아무리 좋은 교육과 프로그램을 시행해도 자신은 변화되지 않을 것 같다고 한다. P이병을 보며 '생각을 긍정적으로 바꾸고 변화되기가 이렇게 힘들까?' 하는 마음이 들었다.

P이병은 어린 시절부터 자신의 성격이 삶을 헤쳐나가기 위해 강하게 굳어져 왔다고 한다. 스스로 강해져야 한다는 생각에 말투가 투박해지고, 표정도 화난 표정으로 굳어져가고, 상대방과 좋게 대화하질 못하다보니 관계형성을 잘 하지 못하는 것이라 한다. 시간이 필요할 듯하다. 지속적인 관심을 가지고 상담을 통해 변화하도록 노력해 볼 생각이다.

모처럼의 휴식 (2010. 10. 6)

국군의 날 근무로 오늘은 부대출근을 하지 않고 집에서 쉬었다. 연예인 자살심리에 대해 글을 쓰고 책을 읽고, 겨우살이 준비로 땔감을 나르고 톱질을 했다. 하루가 금세 지나는 것 같다.

잔류 병사들 (2010. 10. 7)

#1

GOP 투입에 따른 잔류인원이 타 부대에 보직되었다. 역시 상담이 필요한 병사가 상담요청을 해 왔다. R상병이었다. 이미 자해경험이 있고, 그래서 캠프경험을 한 병사였다. 가족문제로 스트레스가 많아 홧김에 손목 자해를 했다고 한다.

상담해보니 GOP 투입여부로 자신도 고민이 많았다고 한다. 중대장이 "책임을 지고 데리고 가겠다"고 했으나 R상병 자신은 "잔류하겠다"는 의사를 밝혔다고 한다. 그런데 지금와선 "후회된다"고 한다. "새로운 부대에 오니 이상한 시선으로 자신을 쳐다 보고 새로운 환경에 적응도 어렵다"고 한다. 상담을 통해 많이 반성하고 많이 변화되어 이후에는 자대에서도 잘 적응해 나갔다.

#2

또 한명인 S상병을 상담했다. S상병은 발목부상으로 잔류했다고 한다. 문제병사 취급 받는 게 싫었다고 한다. 주임원사가 공개적으로 과거전력을 많은 인원 앞에서 말해서 기분이 안 좋았다고 한다. 나에게도 "상담 내용이 확인하는 정도여서 상담이라 할 수도 없다"며 화를 냈다.

공감하며 잘 이해를 시켜주었다. 우선 한방치료가 좋을 것 같았고, 치료가 안 되면 00병원 MRI 촬영을 해 보도록 조치하겠다고 했다. 어린 병사라도 개개인의 인격을 존중해 주고 다친 곳을

치료해 주려는 간부들이 진정 필요함을 느꼈다. 그러면서 나라도 그들을 공감해주고 경청하고 어루만져 주고 싶은 생각이 더욱 간절해졌다.

상담결과를 누구에게 알려주려 해도 조치, 반응이 늦을 것 같아 직접 대대장에게 상담결과를 전해주었다. 그래도 아버지 입장에서 상담결과에 대해 이해하고 조치하기 위해 수첩에 적는 모습이 이후 지휘관에게 좋게 평가되었다.

#3

의무부대에 입실했던 T이병이 오늘은 깁스를 풀고 00 중대에 보직 받아 올라간다고 했다. GOP 근무를 고집하던 녀석이 그래도 00 중대에서 잘 해보겠다고 다짐을 한다. 나에게 많은 고마움을 표현했다.

몇 번의 상담을 통해 이중성격의 선임에 대해 분노와 악의가 차 있음을 알아차릴 수 있었는데 지금은 상담하면서 속에 있는 많은 것들을 내놓아 홀가분하다고 한다. 그래도 긍정적인 생각으로 새로운 부대에서 근무하려고 하니 안심이 되었다.

T이병과 00이는 서로 의지하고 말벗도 되도록 같은 중대, 같

은 소대에 편성할 것을 대대장에게 조언하니 흔쾌히 그렇게 하겠다고 했다.

이제 화천에도 단풍이 서서히 물들기 시작한다. 해가 지면 시골집에 연기가 뭉실뭉실 나오는 모습이 정겹다. 우리 집도 화목난로에 불을 때고 있다. 겨울 준비로 어제는 톱질을 하며 땔감을 준비했다. 화천의 겨울은 길기 때문에 틈틈이 땔감을 준비하는 것이 필요하다. 정겨운 정취가 느껴진다.

GOP 잔류병사와의 상담 (2010. 10. 11)

#1

레토나(군대 짚차)를 타고 OO 부대를 방문하여 상담했다. OO이는 링거를 맞고 있었다. 사연을 물으니 고열이 있고 새로운 부대에 대한 적응이 어려워 심리적 부담이 크다고 한다.

원래부대에서 GOP 투입을 같이하지 못한 것에 대한 후회, 자책감 그리고 새로운 부대에서 반갑게 맞아주지 않고 좋지 않은 시선으로 바라보는 것에 따른 스트레스, 그로 인한 두통, 구토 증세 등 신체화증상을 보이는 것 같았다.

상담을 통해 다시 마음의 안정을 되찾도록 도움을 주었다. 중대장, 행정보급관 역할의 중요성을 다시금 느꼈다. 그들이 병사들을 따뜻하게 맞이하고 차 한 잔이라도 하면서 대화하며 해당 부대원들과 잘 적응하도록 도와줘야 하는데 그렇지 못한 것 같았다.

#2

U병사가 대대장 당번에서 화기중대에 재보직되니 적응이 잘 안 되어 전화로 상담요청을 해왔다. 대대본부에 근무하길 원했는데 그렇지 못해 서운한 감정을 갖고 있었다. U병사는 자살생각과 충동이 많은데, 의무중대 입실 후 선임인 OO 상병에게 조언을 듣고 자신에 대해 반성을 많이 했다고 한다. 지금은 자살생각이 없다고 하지만 여전히 의심스럽다.

U병사는 자대생활 잘 하는 것처럼 하다가 휴가, 외박에서 자살하겠다고 해서 늘 신경을 쓰고 상담하며 관리해야 할 듯하다. 대대본부 중대보다는 소충중대(김포에 소재한 과거의 청룡부대−편집자 주)를 원한다. 부대가 바쁜지 대대장, 주임원사가 자리에 없어 상담결과를 알려주지 못해 아쉬웠다.

#3

주말에 W일병 전화를 받았는데, 어느 부대인지 잘 알 수가 없어 OO 부대에 확인해 보니 그런 병사가 없다고 한다. 그래서 시간이 있는데 가보질 못하고 복귀하게 됐다. 개인상담 신청이고 약속을 했는데 미안하기도 하고 아쉬웠다.

집에 돌아오니 다시 전화가 왔다. 목소리가 서운한 마음이 가득한 거 같았다. 미안하다고 하고 내일 오전에 꼭 가겠다고 했다. 통화한 것은 비밀로 해달라고 해서 그렇게 하겠다고 했다.

8. 닉 부이치치 방한 (2010. 10. 8)
-조선일보 신문기사 참조

팔과 다리가 없는 몸으로 세계 38개국을 다니며 희망이 없는 곳에 '희망'의 삶을 전하고 있는 닉 부이치치(27세)가 한국을 방문했다.

세르비아 이민 2세로 호주에서 태어난 닉 부이치치는 팔과 다리가 없음으로 인해 오히려 다른 영혼을 격려할 수 있었다. "누구나 있는 그대로가 가장 아름다운 존재"라고 말하는 그는 "전혀 다른 사람이 될 필요가 없다는 사실을 모두가 알았으면 한다"고 외친다.

열 살 때 바다에 빠져 스스로 목숨을 끊으려고도 했던 그는 총세 차례의 자살을 시도했지만 열세 살이 되던 해 자살을 멈췄다. 그즈음 그가 삶의 '희망'을 발견한 것은 성경을 읽으면서부터였다. 팔다리가 없이 발가락 두 개만 있는 몸이지만 스케이트보드를 타고 서핑을 하고 스쿠버다이빙도 한다. 노래를 작곡한 음악가이자 뮤직비디오를 찍은 가수이고 영화에 출연한 배우이기도 하다.

그는 "돈이 궁극적인 행복을 줄 수 없고, 학위가 평화를 줄 수 없다. 행복과 평화는 사랑에서 온다. 시간이 상처를 치유하는 것이 아니라 사랑이 상처를 치유한다"고 말했다. "나는 부자인데 그것은 나의 마음속에 사랑과 기쁨과 평화가 넘치기 때문"이라고 말하는 그는 "팔과 다리가 다 있지만 내면에 장애를 가진 사람들이 더 많다"고 말했다.

문제의 열쇠는 나에게 (2010. 10. 12)

#1

캠프 인성교육을 실시했다. 장병들에게 닉 부이치치 동영상을 보여 주었다. 입소인원 중에는 교육을 잘 들으려 하지 않는 병사들이 있다. 모든 것에 내가 먼저 받아들일 준비가 되어야 한다. 아무리 좋은 교육, 유능한 강사, 심리치료사도 내담자가 거부한다면 효과나 성과는 없을 것이다.

교육시간 병사들에게 자신의 변화에 대해 질문하면 대다수가 자신의 변화를 조금이라도 긍정적으로 대답하지만 한두 명은 부정적으로 거부하는 모습을 보이고, 대답 역시 부정적이다. 물을 억지로 떠 먹일 순 없다. 변화와 행복에 대한 열쇠는 결국 자신 스스로가 지니고 있다.

#2

전화가 와서 약속을 지키지 못한 병사를 먼 거리를 달려 11시경 취사장에서 만났다. 상담을 해 보니 내재되어 있는 분노와 공격성이 많았다. 선임병이 뭐라고 하면 "찍어버리고 싶다"는 과격한 표현을 했다. 간부가 뭐라고 하면 "엎어버리고 싶다"고도 했다. 사고가 우려되어 간단하게 '분노 다스리기'에 대해 알려주고 안정을 시켰다. 상담한 것을 비밀로 해 달라고 했는데, 대대 주임원사와 대대장에겐 사실을 알려주었다. 군대에서 상담결과에 대해 비밀로 하기에는 어느 정도 어려움이 따르는 것 같다.

#3

퇴근 후 병사 개인전화를 받았다. ㅇㅇ 이었다. "ㅇㅇ 부대로 가는 것이 어떻게 되었냐?"고 물으니 순간 "보직문제는 상담관이 어떻게 할 수 없다"고 다소 짜증스럽게 말을 한다. 해보지도 않았는데 자신의 보직에 대해 언급한다. 나 역시 "상담관 관할이 아니니 중대장, 행정보급관에게 상의하라"고 당부했다.

전화를 끊은 후 내가 너무 했나 후회가 됐다. 내일 대대장에게 ㅇㅇ이 건의사항에 대해 알려주어야 할 것 같다. ㅇㅇ이는 자해했던 경험이 있는 병사로 적응도 어렵고 앞으로 닥칠 훈련에 대한 걱정으로 적응이 어려운 것 같았다. 내일은 잔류인원에서 우려되는 병사들에 대해 지휘관들과 의논해야 할 것 같다.

무관심한 주임원사들 (2010. 10.13)

#1

보충병 인성교육을 실시했다. 다들 자대에 가기 전이라 긴장되고 초조하고 어느 부대로 가게 될지 궁금하다고 했다. 심리적으로 안정을 갖도록 힘을 주고 용기를 주었다. 자대에서의 첫 이미지와 선임병들과의 관계형성의 중요성을 이야기하고 그 안에서 이겨나가기 위해서는 자아강도와 내성을 길러야 한다고 강조했다.

과거탐색을 통해 위기자가진단을 해보니 우려되는 병사는 없는 것 같았다. 보충병들 중 운전병들이 많았는데 모두가 건강하게 군생활하며 많은 보람을 얻어가길 마음속으로 바랬다.

#2

OO 부대에서 최근 GOP 잔류인원에 대한 지휘관심이 필요한데, 누구에게 알려줘야 할지 난감했다. 해당부대에 들렀는데 중대장이 없어 행정보급관을 찾으니 부재 중이라 간부에게 설명을 해주고 지휘관심을 부탁했다. 대대 주임원사는 책임감이 없는지 별 관심 없는 모습이었다. 인사과 실무 간부에게 상담결과를 기

록해서 설명해 주며 대대장께 보고해 관심을 촉구할 것을 당부
했다.

#3

00 부대에 들러니 GOP 철수 후 대대 축구경기가 한창이었다.
역시 잔류병력 관리에 대해 대대장에게 조언하려 했으나 부재중
이었다. 그래서 주임원사에게 설명해 주었다. "위기병사는 2명
으로 자살에 대해 위험하니 관심을 잘 가지고 관리할 것"을 당부
했다.

그런 와중에 또 한 통의 전화를 받았다. 00 부대 병사로 조금
전 축구하다가 대대본부 보급관(상사)에게 한 병사(상사)가 구
타를 당하는 것을 대대원들이 지켜보았다는 것이다. 모두들 간
부처벌을 원하는 것 같았다. 때리고 사과도 하지 않았다고 했다.
그래도 상담관을 믿고 전화해 준 병사에게 "잘 조치하도록 하겠
다"고 했다. 본인은 누구인지 밝히지 않았다.

주임원사에게 그런 상황에 대해 말하니 "자신도 알고 있고 잘
조치하겠다"고 했다. 쉽게 넘어가려는 모습이었다. 간부끼리의
구타라고 그냥 쉽게 넘어가선 안 되고 분명 처벌이 필요할 것으

로 판단된다. 주임원사는 욕심이 많고 자신의 과업을 생색내기 좋아하는 것 같았다. 자신의 실력으로 상대를 무시하려는 경향도 엿보였다.

　필자 역시 군생활 20여 년을 했지만 이런 참모는 처음이다. 사랑과 배려, 상대에 대한 마음씀씀이가 부족하다. 아쉽다. '너무 생각하지 말자' 고 다짐했다.

두 번째,
병영상담 스토리

9. 내면에 강한 분노를 지닌 Y이병

약해보이니 이리 치이고 저리 치이며 그저 순종하는 병사인데, 그동안 참고 참았던 분노를 공격적인 말들로 상담관 앞에서 토해냈다. "총으로 다 죽이고 싶다", "소대원들 꼴도 보기 싫어 밥도 먹으로 가기 싫다"

스스로 스트레스를 풀 수 있을 정도로 자아강도가 높다면 그러지 않을 텐데 스트레스를 계속 쌓아 놓는 것 같았다. 내재된 분노가 폭발하면 사고로 이어질 수 있기 때문에 다른 부대로 보직을 조정해 주어야 할 것 같다.

"이해력이 부족해 남들은 한두 번이면 될 것을 나는 일곱여덟 번 해야 이해가 간다"며 자신에 대해 많이 실망하고 있었다. "자신은 모자라다, 부족하다, 태어나지 말았어야 했다"며 자신에 대한 커다란 실망감을 드러냈다.

"머리, 체력도 달리고 몸도 아프고(발가락 골절), 마음도 아프다"며 "자신은 성공할 수 없다"고 한다. 한마디로 부정적 사고가 가득했다. 또한 "중・소대원들의 눈치가 따갑다"며 "숨어버리고 싶다", "마주치고 싶지 않다", "그들에게 신뢰를 잃었다"며 힘들어 했다. 주말에는 상담한 후 잠을 제대로 자지 못했다고 한다.

그래서 마음을 안정시키라고 하며, 월요일 다시 만나서 상담하자고 했다. 이후에 분노를 가라앉히라고 전화로라도 마음을 안정시켜 주었다.

관심병사 상담 (2010. 10. 14)

#1

사단 상담관실에서 업무를 확인하고, OO 대대 신병, 관심병사를 상담했다. I이병은 우울, 불면증이 다소 있고, 체력이 약한데 이제는 다소 적응이 되어가고 있는 듯했다. 표정이 그래도 예전보다 밝아진 편이었다. 가정이 힘든 상황이었는데 아버지는 암투병 중이고, 동생이 우울증이 심해 자살충동이 많아 힘들어 한다고 했다.

I이병은 그동안 몇 번 만나 상담을 한 지라 동생에게도 상담치료를 받게 해주고 싶어 한다. 그래서 면회외박에 동생이 오게 해서 상담치료를 해주기로 약속했다. 자신은 불어공부를 해서 전문가가 되고 싶다고 한다. 희망을 주고 어머니를 생각해서라도 OO가 힘을 내고 긍정과 희망의 에너지를 가져야 한다고 조언해주었다. 그러기 위해선 우선 건강하게 군생활 잘 해야 한다고 당

부해 주었다.

#2

두 번째 병사는 A이병이었다. 외형적으로는 키도 크고 건장해 보이는 청년인데, 다른 동기생에 비해 동작이 느리고, 말소리가 적다고 잦은 지적을 받는다고 한다. 입대 전 누나 넷과 부모가 일일이 다 챙겨주고 돌봐 준 영향 탓이었다. 자식이 소중하다고 부모가 너무 과잉보호한 결과다.

요즘 하루하루가 걱정이라고 한다. 침낭, 환복(군 제복), 교육훈련 준비 등 매사에 느리다고 지적받는다고 한다. 그럴 때마다 자기비하와 자책감이 계속 들고 하루 한 번 정도는 꼭 눈물이 난다고 한다. "그래도 신교대에서부터 지금까지 자신의 모습을 비교해 볼 때 많은 변화가 있지 않은가?" 물으니 "그래도 좀 나아지고 변화되었다"고 한다. 누가 뭐래도 스스로 조금씩 나아지고 변화되는 것이 중요하니 자신감을 가지고 임할 것을 조언해 주었다.

#3

세 번째 만난 병사는 B이병이다. 상담시 기침을 심하게 했고,

왼쪽 발목을 접질러 통증이 있는 상태였다. 내성적인 성격이라 스스로 스트레스를 쌓아두었다가 혼자 우는 것으로 스트레스를 푼다고 한다. 스트레스성 두통, 고혈압 증세도 있다고 한다.

아버지는 택시기사인데 자신이 중학교 때 어머니와 이혼한 상태였다. B이병은 중1 시절 아버지란 존재는 없는 것 같았고, 죽이고만 싶었다고 한다. 지금은 아버지와 아예 인연을 끊었다고 한다.

부모님의 이혼 후 초등학교 5년부터 중 1년까지 아버지와 살 때 많이 힘든 경험이 있었다고 한다. 아버지가 술을 일주일에 두 번 정도 마시고 들어오고, 맨 정신에도 기분이 안 좋으면 수시로 때리고 밥도 안 주고 집에서 꼼짝 못하도록 감금하고 못살게 굴었다고 한다. 심지어 못이 박힌 나무로 때리기까지 했다고 한다.

그래서 B이병에게는 아버지에 대한 공격성과 깊은 분노가 내재되어 있었다. 초등학교 4학년(11살)에는 과도로 자신의 배를 찔러 자해시도를 했고, 중학교 2학년(15세) 때는 누나가 암기공부를 시켰는데, 암기가 잘 안 되고 못하니까 누나가 두세 시간 엎드려뻗쳐를 시키고 때렸는데 너무 화가 나서 어머니 방에 들어가 장롱에 목을 매었으나 끊어지면서 실패했다고 한다.

나는 곧 B이병의 과거탐색 상담을 시작했고, 현재시점에서 긍정적인 희망을 찾고자 했다. 미래의 희망에 대해 질문을 하니, 경호원이 꿈이라고 한다. 3년간의 이종격투기 수련경험이 있어 군에서도 태권도 1~2단 취득이 가능하니 열심히 할 것을 조언해 주었다.

OO 대학 식품영양학과는 어머니가 권유했지만 적성에 맞지 않아 자퇴했다고 한다. 그래서 전역 후 OO 대 경호학과를 권유하니, 자신은 OO 대학 경호의전학과를 가고 싶다고 한다. 그래서 그렇게 하라고 격려해 주었다. 단기부사관에도 관심이 있다고 해서 우선 군생활 적응을 잘하고 차츰 진로에 대해 생각해 보자고 했다. 그리고는 다시는 자살시도하지 말 것을 약속받았다.

#4

네 번째 만난 병사는 C이병이다. 부대 내 적응은 되는 것 같지만 남들 눈치를 많이 본다고 한다. 자신감이 없고 표현력이 부족하고 타인을 지나치게 의식하는 상태였다. 원인을 찾기 위해 과거사 탐색을 했다.

초등학교 1학년(8세) 시절 부모의 잦은 다툼으로 스스로 창피해 옆집 눈치를 보게 되었고 '큰소리가 밖으로 나가면 어쩌나' 하는 조바심과 창피감이 생겨 그때부터 주위 눈치를 보기 시작했다"고 한다.

그렇게 성장해서 중학교 때에도 스스로 "남에게 흠이 잡히면 안 된다는 생각에 '나는 잘해야 한다, 완벽해야 한다'고 느끼고 거울로 얼굴도 자주 보고 매사에 남을 신경 쓰게 됐다"고 한다.

"예수님도 남에게 봉사하고 남을 위한 삶을 살았다"며 자신의 상황을 소극적으로 긍정화시키고 있었다. 하지만 모든 것이 지나치게 남을 의식하는 사고로 고착되어 있었다. 그러다 보니 지금 군에서도 선임병들이 뭐라고 하지 않을까 늘 걱정하고 남을 의식하다 보니 동작도 느려지고 불안해 항상 피곤해 했다.

나는 그런 증상을 줄이기 위해 지금부터라도 자신을 위한 삶을 살라고 조언했다. "사람은 누구나 실수를 하고 완벽한 사람은 어디에도 없으니 대담하고 여유 있게 행동하라"고 직면시켜 주었다. 몇 가지 강조한 사항에 대해 메모해 놓고 스스로 실천하라고 강조해 주었다. 다음에 2차 상담을 하기로 했다. 그때 좀 더 변화된 모습으로 만날 수 있도록 스스로 실천할 것을 권유했다.

#5

다섯 번째 만난 병사는 G이병이다. 주호소 문제는 자신감이 없고, 사회성과 대인관계 형성이 부족하다는 것이었다. 외형적으로도 키가 작고 아주 왜소해 보였다. 소심해서 사람에게 먼저 다가서기가 두렵다고 한다. 무엇보다 키가 작은 것에 대한 콤플렉스가 컸다. 스스로 자신의 외모에 대한 점수를 물어보니 70점이라 한다. 자아존중감이 그래도 높은 편이라고 칭찬해 주었다.

자신의 미래 꿈에 대해 물으니, 동물사육사나 컴퓨터 수리전문가가 되고 싶다고 한다. 그래서 자신의 분명한 꿈이 있다는 것에 대해 칭찬해 주었다. 상담하면서 시선회피 및 불안정한 손동작에 대해 지적을 해주니 곧 시정하고 좋아져 칭찬해 주었다.

시선처리를 앞으로 잘 바로잡고 키에 대한 열등감보다 자신의 꿈을 실현하기 위해 실력을 키우고 전문가가 되기 위해 성장하는 것이 더 중요함을 강조해 주었다. 감정적 성향으로 눈물이 많아 혼자 몰래 울곤 하는데 앞으로 잘 적응하고 성장할 수 있도록 지지해 주었다.

여러 명을 한 부대에서 만나고 나서 머리도 식힐 겸 부대 인근 매월대에 잠시 들렀다. 매월대폭포까지 400미터 거리여서 가을

단풍을 보며 산행을 하니 한결 머리가 맑아지고 기분이 상쾌해졌다. 매월당은 김시습이 은거한 곳이라 한다. 폭포에 이르러 핸드폰 촬영을 하고 좀 쉬었다가 노송(老松) 쉼터가 있어 내친김에 좀 더 올라가보기로 했다.

매월대폭포에서 쉼터까지는 또 400미터 거리였다. 암벽이 일부 있고 로프도 설치되어 있었다. 쉼터에 오르니 이제 막 단풍이 들기 시작한 산야가 눈에 들어왔고 시원한 바람이 얼굴을 적셔주었다. 역시 좋았다. 상담으로 무거워진 머리를 환히 맑혀주었다.

매월대 산행을 마치고 서울로 돌아왔다. 나의 주 관심분야인 자살예방 관련해서 전문가들의 강의내용을 듣기 위해 급하게 휴가를 낸 것이었다.

서울 집에 와서 모처럼 아내와 아들과 오리요리 외식을 했다. 아들 녀석은 전방 00 사단에서 군생활을 마치고 지금은 복학해 열심히 공부하며 자격증 준비까지 하느라 피곤해 있었다. 격려해 주며 많은 대화를 나누었다. 이야기를 들어보니 그동안 철이 많이 들었고 공부의 중요성 또한 많이 깨달은 듯했다.

10. 상담의 전문성 (2010. 10.15)

영국의 수상 윈스턴 처칠도 우울증에 빠졌었다. 이름하여 '블랙 독'이라 했다. 처칠은 '나른하다', '슬프다', '희망이 없다' 라고 종종 자신의 감정상태를 표현했다. 우울증은 라틴어로는 "파고들어 깨뜨리다"라는 의미다. 그만큼 오래되면 자칫 파괴적인 결과를 낳게 되는 것이다.

자살은 한 개인만의 문제인가? 아니 그보다는 가정과 사회의 문제라 할 수 있다. 자살은 충동적 심리상태(초 · 중 · 고 청소년 202명 자살, 2009년)나 질병 등의 고통에 의해 일어날 수 있다. 주된 감정은 좌절, 실망, 무망감, 절망감 등이다. 이런 것에 대한 대안과 예방법을 고민해야 한다. 우리 모두가 자살에 관심을 가져야 하며 누구나 게이트 키퍼(자살지킴이)가 되어야 한다.

우울증 환자들이 정신과 치료를 받지 않으려 하는 것은 이후 개인적 불이익이 따를 것에 대한 염려와 사회적 편견 때문이다. 치료를 받지 않으면 우울증은 환자를 자살에 아주 취약한 상태로 만든다. 상담치료도 좋은데 상담료가 비싸다보니 아직은 대중화 되지 못하고 있다.

상담에 있어 '전문가'라는 표현을 쉽게 쓰곤 하는데 이에 대해 일반 상담분야 종사자나 자살예방 강사는 상담사로서 자신의 자격에 대해 보다 신중해질 필요가 있다. 우스개 소리로 "상담 받아야 할 사람이 상담을 한다"라는 말이 있다. 그만큼 상담사로서의 역량이 충분히 갖추어진 사람이 상담전문가로서 올바른 상담을 진행해 나갈 수 있는 것이다.

상담을 평생 배워도 사람의 마음을 온전히 다 헤아리기는 어렵다. 내담자와 상담 가능한 전문가가 되기 위해선 최소 5년 정도의 이론공부와 수련 등이 필요할 것으로 보인다. 정말 노련한 전문가가 될려면 최소한 10년 정도 걸리지 않을까 생각된다. 그래서 평생에 걸쳐 상담수련이 필요한 것이다.

자살예방을 위해서는 출장상담, 현장상담도 해야 한다. 남을 위한 봉사가 진정한 봉사라 생각한다. 항상 자신을 수련하고 자기(Self)를 바라보고 자아통합이 이루어지도록 노력하고 자신을 바라보아야 한다.

연예인 260명을 직접 설문조사했는데, 이중 40퍼센트가 가볍거나 심각한 우울증을 겪고 있는 것으로 나타났다. "사는 것이

지겹고 죽어버리고 싶다"고 생각하거나 "자살에 대한 생각을 실제 행동으로 옮기고 싶다", "자살에 대한 구체적인 계획을 세워본 적이 있다" 등의 답을 낸 사람이 총 설문조사 참여자 중 40퍼센트에 이르렀다. 설문에 응한 연기자 10명 중 2명꼴은 "자살을 위해 약을 모으거나 물품을 사는 등 준비를 해본 적이 있다"고 밝혀 충격을 더했다.

　오늘날의 상황은 상담의 전문성이 더욱 요구되는 시대다. 자살을 예방하기 위해선 정신과 진료 및 상담치료, 자살예방교육, 마음치유를 위한 선 수행, 명상, 인성교육 강화 등이 필요하다.
　돌아오는 길 전철 안은 퇴근시간이라 초만원이었다. 아이를 안은 젊은 여인이 있어 자리를 양보했다. 귀여운 여자 아이와 눈맞춤을 하니 해맑은 웃음을 보이며 손을 흔들어 주어 손을 맞잡고 눈인사를 해 주었다. 천진난만하고 사랑스러웠다. 엄마도 즐거워했다. 엄마의 품에서 마냥 행복하게 보였다. 나 역시 행복했다. 곧 전철에서 내리게 되어 앞으로 아이가 행복하고 건강하게 잘 성장하길 마음속으로 바래주었다.

집에 돌아와 이미 읽었던 김혜남 교수의 책 "서른살이 심리학에게 묻다"를 다시 꺼내보았다. 첫 표지를 넘기니 "세상에 문제 없는 사람은 없다. 모든 사람이 어느 정도의 문제는 다 가지고 있다. 그래서 정신분석의 선구자인 프로이트가 내세운 정상의 기준도 '약간의 히스테리, 약간의 편집증, 약간의 강박'을 가진 상태였다. 그러니 자신에게 문제가 있다는 것을 지나치게 부끄러워하거나 부정할 필요가 없다. 다만 그것으로부터 '자신의 문제가 어떤 것인지 아는 것'으로 나아가면 된다"고 씌어 있었다. 옳은 말인 거 같다.

주말이라 여유롭고 해서 서점에 들러 닉 부이치치의 '허그(Hug)'를 손에 들고 읽기 시작했다. 닉 부이치치는 동영상으로 봐서 익히 잘 알고 있었지만 책이 출판되어 반가웠다. 얼마 전 방한해 대형서점에서 저자 사인회를 가졌지만 가보진 못했다. 책을 읽으며 느끼는 것은 나의 존재감과 가치, 삶의 의미와 목적을 깨닫는 것은 어떤 장애도 극복하게 만든다는 것이다.

최윤희 부부 동반자살 관련 의견

우리나라의 자살률은 OECD 30개국 중 1위로 이는 10년째 지속되고 있다. 보건복지부의 올해 자살예방 예산은 7억 3,500만 원인데 이는 현 상황에서 턱없이 부족한 액수다. 자살예방을 위해 1년에 80억 원이 필요하다는 통계도 있는데 말이다. 2008년도 자살자 수가 연간 12,858명이던 것이 2009년에는 15,413명으로 19.9퍼센트나 증가했다. 하루 42.2명, 34분마다 1명씩 자살한다는 통계다. 전세계적으로는 매년 1백만 명이 자살하고 있으며, 자살시도는 1~2천만 명에 이른다.

2010년 말 행복전도사 최윤희 씨 동반자살 소식은 너무나 충격적이고 안타까운 심정을 갖게 했다. 2010년에 중랑구청에 초빙되어 진솔하고 정감 있는 태도로 인생에 대한 긍정과 행복에 대해 강의를 했었는데…. 공개된 모습 뒤에 숨겨져 있던 개인적 문제에 대해 극복하지 못해 내심 아쉽다.

그녀는 칠백 군데가 아픈 통증을 도저히 견디기 힘들었다고 한다. 과거 좋지 않은 가정환경에서의 어려움과 그에 따른 우울증을 잘 극복했었는데, 홍반성 루프스, 세균성 폐렴의 고통을 극복하지 못하고 결국 자살하고 말았다. 그런 유사한 입장에 있는 사람들에겐 모방자살이 우려된다. 그러한 베르테르 효과로 사회적인 자살이 만연되지 않기를 바랄 뿐이다.

작년 1만 5,000명 자살⋯ 34분당 1명꼴

10년 새 2배 이상 늘어 (출처 : 경향신문, 2010.9.12)

2010년 자살자 수가 1만 5,000명을 넘어서면서 그 수가 10년 전에 비해 두 배 이상 증가한 것으로 나타났다. 의료기술의 발달로 전체 사망률(인구 10만 명당 사망자 수)은 낮아지고 있지만 자살에 의한 사망률은 급증하고 있다.

특히 80세 이상 고령층의 자살사망률은 3배 가까이 늘어난 상태다. 9일 통계청이 내놓은 '2009년 사망원인 통계 결과'에 따르면 지난해 자살자 수는 1만 5,413명으로 하루 평균 42.2명, 평균 34분당 1명이 스스로 목숨을 끊은 것으로 나타났다. 이는 2008년(1만 2,858명)에 비해 19.9퍼센트 늘어난 것이고 1999년(7,056명)에 비하면 두 배 이상 급증한 수준이다.

자살사망률(10만 명당 자살자 수)도 지난해 31명으로 1999년(15명)에 비해 두 배 이상 많아졌다. 모든 연령층에서 자살사망률이 늘어났는데 특히 80세 이상 고령층의 자살사망률은 1999년 47.3명에서 지난해 127.7명으로 급증했다. 80세 이상의 자살사망률은 20대(25.4명)에 비해 5배 이상 높았다. 자살은 10대부터 30대까지의 사망원인 중 1위였으며 40대와 50대는 2위를 차지했다. 경제협력개발기구(OECD)의 표준인구 기준으로 환산한 자살사망률은 우리나라가 28.4명으로 OECD 평균(11.2 명)을 크게 상회하며 회원국 중 가장 높았다. 우리나라의 자살사망률은 2003년 이후 계속 OECD 1위를 기록하고 있다.

통계청 김동회 인구동향과장은 "최근 독거노인 가구가 급증하면서 건강 문제 등으로 자살하는 고령자들이 급증하고 있고 유명 연예인 자살에 따른 모방자살도 늘고 있다"며 "정부차원의 종합 대책이 필요하다"고 말했다. 일본도 과거에는 노인자살률이 매우 높았으나 정부와 사회의 노력으로 최근에는 둔화됐다고 김 과장은 덧붙였다. 한편 지난해 우리나라 총 사망자는 24만 6,942명으로 2008년(24만 4,874명)에 비해 0.8퍼센트 증가했다. 하지만 사망률은 같은 기간 498.2명에서 497.3명으로 감소했다.

세 번째,
병영상담 스토리 2

11. 상담관으로서의 보람 (2010. 10. 18)

#1

OO 사단 상담관과 OO 부대 전 주임원사를 만났다. 주임원사는 병영생활상담관에 관심이 많아 올해 시험을 준비 중에 있었다. 전에 만난 인연이 있어 필요한 자료를 제공해 주었다. 시험에 대해 걱정을 많이 해 서류준비에 대한 조언을 해주고 이후 면접시 도움을 주기로 했다.

사단 상담관은 상담관을 그만 하겠다는 의사를 표현했다고 한다. 인접 OO 사단 남·여 상담관도 역시 근무를 더 희망하지 않는다는 소식을 전해 들었다. 전방근무에 대한 어려움과 오래 근무한 예비역 간부들도 현역들과의 관계형성에 어려움이 있는 것 같았다.

#2

전방으로 상담을 갔다. OO 대대를 들렀다. 어제 OOO 축제로 부대가 영내휴무였다. A이병을 만나 그동안 군생활에 대해 듣고, MBTI와 HTP검사를 실시했다. 성격유형은 INTP였다. 지적인 것에 관심이 많고, 아이디어에 대해 토론하고 나눌 수 있는 소수에 가까운 유형이다. 군생활에서 대인관계 적응을 어려워하는 것 같았다.

#3
00 대대에서 개인상담을 신청한 B일병을 만났다. 우측 눈 각막에 문제가 있어 00 의무실에 입실되어 있었다. 내일 청원휴가가 1박 2일 계획되어 있고, 00 대학병원에 진료를 예약해 놓았다고 한다. 상담신청 이유를 물어보니 "자신은 크게 사고도 치지 않을 것인데, 부모님이 직접 부대에 찾아 와서 동행하고 복귀할 때도 마찬가지로 동행하라 했다"며 "기분이 별로 좋지 않다"고 한다.

부모가 서울에서 직장을 다니는데 자신을 데리러 올려면 새벽 5시에 부대로 출발해야 한단다. 부대에서 버스가 아침 7시 30분에 나가는데 서울에서 부모가 오는 것에 대해 나 역시 이해가 가지 않았다. 중대 행정보급관이 그렇게 말했다기에 대대 주임원사에게 건의해보겠다고 했다. 상담 이후 대대 주임원사를 만나보니 "부모님에게 전화가 와 '내일 방문하라'고 했다"고 한다. B

일병이 현재 눈이 뿌옇게 보인다고 하니 사정을 말하고 부모에게 오라고 했다는 것이다. 시간이 부족한데 역시 이해가 가지 않았다.

#4

C일병을 만났다. 발목 인대가 늘어나 목발을 하고 있었다. 전 부대에서 훈련 중에 다쳤다고 한다. 하지만 근본문제는 발목이 아니라 정신적 문제로 보였다. 정신과에서 진료를 받고 현재 약물치료를 하는데 머리가 아프고 꽉 쪼이는 기분이라고 한다. 사회 있을 때부터 감정기복이 심하고 혼자 있기를 좋아했고, 친구들과 잘 어울리지 못하는 우울한 성향이었다고 한다. 그동안 눈물이 많이 나고 무기력하고 '살아서 뭐하나' 하는 허무감이 들었다고 한다.

입대 후에도 자살생각이 있었고 GOP 투입 전에는 구체적인 자살계획도 세웠고 충동적으로 '화장실에서 목을 맬까?', '산에서 떨어져 버릴까?' 하고 잠도 설쳤다고 한다. 외아들로서 부모들에게 귀한 자식인데, 우울증상이 심해 보여 안타까웠다. BDI(우울증검사)로 체크해 보니 46점으로 역시 높은 점수가 나왔다. 내일 정신과 군의관에게 치료를 받고 필요시 춘천병원에서 치료를 받았으면 했다.

자신의 미래 꿈은 음반 기획사를 운영하는 것이고 대학도 실용음악과를 가고 싶다고 한다. 희망을 갖고 자신감 있게 노력하고 햇볕쬐기와 유산소 운동을 하도록 조언해 주었다.

#5

퇴근했는데, OOO 행정보급관에게 전화가 왔다. 전역을 희망한다며, 이번 목요일 전역지원서를 쓰겠다고 한다. 후배 자살사고 이후 많이 힘들어 해서 몇 번 만나 상담과 대화를 나누었던 사람이다. 앞으로 연금은 월 160~170만 원 정도 받게 되고 전역 후 고물상 사업을 하고 싶다고 한다. 갑자기 생각한 것은 아니었을 것이기에 잘 생각을 해서 후회 없이 지혜롭게 결정하라고 조언해 주었다. 그래도 상담관과 통화하며 조언해 주니 감사하다고 해 나 역시 고마울 따름이었다.

기피성향으로 오해받는 D이병 (2010. 10. 19)

D이병을 상담했다. 연대 자살우려자로 현역부적합 심사를 앞

두고 있었다. 최근 심리적 상태를 확인해 보니, OO 병원 정신과 군의관이 기피성향을 보인다고 진단한 상태였다. D이병은 아침 시간에도 자살충동을 느꼈다며 최근 들어 자살생각이 많다고 한다. 전에는 부적합 판정 받으면 사회에서 활동할 계획이 있었는데, 최근엔 그런 생각도 없다고 한다.

MBTI검사를 실시해 보니 ENFP 유형이었다. 외향적 직관형으로 반복되는 일상적인 일을 잘견디지 못하는 경향이 있었다. 새로운 가능성을 추구하고 창의적인 일들을 즉흥적으로 시작하는 경향이 있다. 영감과 통찰력, 창의력이 요구되지 않는 일상적이고 세부적인 일에는 흥미를 느끼거나 열정이 일어나지 않는 타입이다.

이런 성향이다 보니 군생활을 어려워하는지도 모르겠다. 가정적인 안정과 사랑, 지지를 잘받고 잘 성장했다면 열정적인 새로운 관계를 맺고 성장할 수 있는 성향이라고 생각되는 말이다.

D이병은 이번 주 OO 병원에 진료를 받을 계획이라고 한다. 혼자 있게 돼 걱정이 되어 주임원사와 OOO 과장에게 안전대책을 강구하도록 조언해 주었다. HTP 검사 상에도 나무그림은 죽은 나무로 그려졌고 사람은 가장자리에 에너지가 없는 모양이 자신

을 표현했고, 집 그림에서는 집에 아무도 없고 울타리를 그려 자
기방어와 경계를 표현했다.

대부분의 사람들이 D이병을 기피성향이라고 오해하고, OO 정
신과 군의관도 기피성향이라고 진단하니 사람의 진단기준에 많
은 오류가 있음을 느낄 수 있었다. 정신과 진단은 더더구나 신중
해야 할 것이다. 물론 짧은 시간에 정신과 군의관도 진단하기엔
어려움이 있으리라 생각된다.

D이병은 겉모습이나 표정으로 볼 때 별 문제가 없어 보인다.
지금까지 상담해온 결과로 볼 때 낮 시간보다 저녁, 밤에 잠을 잘
못자고 우울증상 등 정신병리보다 자살충동이 오래 내재되어 있
어 위험해 보였다.

담배가 없다고 해서 두 갑을 사주었다. 도움을 주어 자살사고
를 예방하고 싶었고 D이병이 잘 되길 바랬다.

해외 영주권 병사와 동성애 성향 병사 (2010. 10. 20)
#1
OO 중대 G이병을 상담했다. 브라질에 7살에 유학가서 외국생
활하며 밥도 잘 못 먹고 포르투갈어를 잘 못해 차별받은 경험이

있으며, 현재는 브라질 영주권을 가지고 있으며 한국어에는 서툰 상태였다. 최근 한국에 와서 6개월도 채 못된 상태에서 군에 입대하게 된 케이스였다.

G 이병에겐 한국이 외국처럼 느껴질 것이다. 그러니 군대 적응이 쉽지 않을 것이며 사람들과 어울리기도 쉽지 않을 것이다. 그런데다 자신만의 색깔이 뚜렷해 선임들에게 말대꾸하고 동료들과의 관계형성이 좋지 못했다.

유일하게 한국에선 할머니와 정이 많이 들었는데 최근에 할머니와 연락이 안 되어 답답했다가 어렵게 연락이 되었는데 입원한 상태였다고 한다. 할머니 있는 근방으로 부대를 가려고 했는데 규정상 안 된다고 하니 더욱 실망이 크고 부대적응이 어렵지 않나 생각되었다. 그래서 "빨리 이곳 부대에서 벗어나고 싶다", "다른 보직을 받고 싶다"고 했다. 전투소대에선 적응하기 어려울 것 같아 중대장에게 재보직 검토를 조언했다.

#2

H이병을 상담했다. 동성애성향을 보이고 있는 병사이다. 그래도 많이 적응되어 가고 있었다. 아직 불편한 것은 동료들과 같이

샤워하는 것이라 한다. 그래서 아무도 없는 이른 시간이나 늦은 시간에 샤워할 것을 당부했다. 지금의 본부소대가 편하다고 한다. 같이 캠프경험이 있는 OOO, OOO 이병과 대화를 자주 나눈다고 한다. 자신은 동성애가 있지만 동성전우들이 머리를 쓰다듬거나 스킨십하면 불편하고 그들과 더 친해지고 가까워지는 것이 두렵다고 한다. 외형이 마음에 드는 것보다 성격, 마음에 맞는 것이 더 중요하다고 한다. 동료들과 적당한 거리에서 관계형성하며 군생활 잘 적응하도록 조언해 주었다.

12. 의무중대에서 만난 병사들 (2010. 10. 21)

#1

OO 의무중대에 들려서 I이병을 상담했다. 의무중대도 가끔 들려 나와 관련 있는 병사가 입원해 있나 확인하며 상담을 자발적으로 해야 한다. 그러다 초등학교 5학년 때 영국으로 이민 간 I이병을 만났다. I이병은 최근 GOP근무 중 몽유병 현상이 있어 입실하였다고 한다. 입대 전에도 이런 증상이 있어 부모도 알고 있다고 한다.

상담관으로서 처음 대하는 부분이라 몽유병에 대한 원인과 배경, 치료에 도움을 줄 수 있는 내용들에 대해 좀더 연구해야 될 거 같았다. 개인적으로 환경변화에 따른 두려움, 불안, 심리적 압박감이 많을수록 몽유병 행동화가 더 심해질 것으로 생각되었다. 투입 전 최초 상담했을 때는 몽유병에 대한 말이 없었는데, 투입 후 몽유병 행동이 생겨 I이병은 이후 의무실에 입실한 것이었다.

I이병은 이후 정신과 진료가 예정되어 있었다. 약물치료가 어느 정도 효과는 있겠지만 본인의 마음먹기와 새로운 환경(보직 조정)이 줄 영향도 크리라 생각되었다. 여기 의무중대에선 몽유병 현상이 심하진 않다고 한다. 마음의 안정을 찾고, 스스로 잘 컨트롤하며 재보직을 검토하면 효과가 있을 것 같았다. 그래서 인사과에 들러 담당간부에게 잘 관리하도록 조언해 주었다.

#2

J상병을 만났다. 목발을 들고 웃음을 보여 첫인상이 좋지 않았다. '겉으론 멀쩡해 보이는데 의무대에 있구나' 하는 생각이 들었다. J상병은 빨리 전투부대에 재보직되서 적응했으면 한다. 부

정맥 증상이 있지만 쉬운 보직만 생각하는 것은 아닌지 의심이 들었다. J상병은 다리부터 허리, 어깨까지 통증이 있다고 한다. 의료분야에서 치료를 받을 것을 당부해 주었다.

#3

K이병은 2달여째 의무대 신세를 지고 있다. OOO 부대에서 운전적응을 못하고 보병으로 주특기 변경 후 재보직해야 하는데 아직까지 있다니, 인사과에 확인해보니 조만간 재보직된다고 한다.

#4

L상병을 상담했다. 군종병 임무를 수행하고 있었는데 상담에 관심이 많았다. 최근 자신이 지니고 있는 우울증과 상담심리 치료에 관심이 많아 전화도 가끔 해오고 가끔 만나게 된다. 만나서 희망을 주고 잘 적응하도록 돕고 있다.

개인노트에 우울증상 등에 대해 필기를 해서 설명해 주었다. '우울은 학습된 무기력'이며 부정적 사고를 긍정적으로 전환시키고 절망 대신 희망을 찾는 것이 중요함을 강조해 주었다. 적응이 힘든 병사들에게 운동도 하게 하고 햇볕도 쬐게 하며 도움을 주고 있다고 하여 칭찬해 주었다.

#5

M상병도 상담했다. 캠프경험이 있는 병사로 그래도 상병을 달고 잘 적응하니 보람이 있었다. M상병은 포상휴가도 두 번 받은 경험이 있고, 수능을 다시 봐 사회복지학을 통해 남을 돕고 싶다고 한다. 입대한 뒤 아버지가 돌아가셨는데, 꿈에 나타난다고 한다. 긍정적으로 생각하도록 조언해 주었다.

근신 중인 간부 (2010. 10. 25)

OOO 간부가 근신조치로 보충대에 와 있었다. 대기하고 있다가 상담실에 들러 대화를 나누게 되었다. 병사들에게 문제소지가 발각돼 감찰조사를 받았다고 한다. 행동거지에 조심하고 병사들을 무서워해야 하는데, 규정원칙을 어긴 것을 병사들이 이실직고 말한 결과였다.

조심하며 처신을 잘했어야 했는데…. 아무튼 며칠 동안 식사도 못하고 많이 피곤해 보였다. 자신의 실수로 규정을 어겼지만 그동안의 노고를 생각해서 그를 위로하고 격려하며 상담해 주었다.

자살예방협회 사이버상담일 (2010. 10. 26)

오늘은 자살예방협회 사이버상담일이다. 오늘 자살관련해서 올라온 글들에 대한 답변을 달아 사고를 미연에 방지해야 한다. 상담글은 6건이었는데, 이후에 3건이 추가되어 총 9건에 대해 사이버상담을 하게 됐다.

정성을 다해 신중하게 하기 위해 각 건수들을 프린트하고 고민하며 초안을 작성한 후 인터넷에 답글을 올렸다. 공감하고, 지지하면서 자신감과 용기를 주는 희망의 메시지를 달았다.

잘못된 병영문화 근절해야 (2010. 10. 29)

OOO 대대 N상병을 상담했다. 부모님이 교통사고로 일찍 돌아가시고 OO 대학 법정학부에 다니다 군에 입대한 병사였다. 간부들에게 잘못된 판단을 듣고 있었는데 병사 한 명이라고 무시하거나 의견을 묵살해서는 안 된다.

이야기를 듣고 보니 정신과적 문제도 아니고 영창갈 문제는 더더욱 아니었다. 올바른 시각을 가지고 문제를 대하고 좋지 못한 병영문화를 근절시키기 위해서 대대적인 혁신이 필요하다는 생각이 들었다. 지휘관, 주임원사 마인드가 폐쇄적인 점이 아쉬웠다. 병영생활에 악폐습이 있다면 잡초 뽑듯이 뿌리뽑아서 정당하게 조치해야 한다고 생각했다.

자살예방 끝장 대토론회

10월 마지막 근무일 부대에서 '자살예방 끝장 대토론회'가 있었다. 자살이 점차 증가추세에 있어 자살을 보다 철저히 예방해보자는 차원에서 지휘관, 주임원사 등이 다 참석한 자리였다. 내 개인적으로도 꽤 오랜만에 발표하는 자리였다. 발표자들에게 10분의 시간이 배정되어 있었는데, 너무 발표시간이 지연되고 추상적인 내용의 발표들도 있었다.

나는 복무부적응 식별 및 상담시 유의사항에 대해 핵심위주로만 발표했다. 부대장님도 상담관이 말한 대로 자살경고 사인을 먼저 '친한 동기생'에게 밝힌다는 것을 훈시 때 강조해 주어 발표한 보람이 생겼다. 나도 발표를 통해 상담관들의 중요성을 인지시키고 상담관들에 대해 지휘관들이 더 관심을 갖도록 촉구했다. 발표하기를 잘했고, 좋은 토의시간이 된 거 같았다.

　－자대에서 자살우려자로 관리되었는데, 정신과 군의관 진단결과 '복무기피'로 판정되었다고 하더라도 관심 있게 관리해야 한다. 정신과 군의관을 불신하는 것은 아니지만 많은 인원을 진단하는데서 어려움이 생길 수 있다.

　해당 병사는 우울증은 아닐지 모르지만 우울 성향이 내재돼 있고, 특히 '자살생각'이 마음속에 내재되어 있다면 언제 자살 행동화가 일어날지 모른다. 그러기에 자대에서는 자살우려자 보호 차원에서 안전한 환경에서 그들을 관리해야 할 것이다.

　－정신과 병원에 입원 후 완치되어서 자대에 복귀해도 쉽게 방심하면 안 된다. 완치된 것 같다고 정신과 군의관이 판정했겠지만, 여전히 자살생각은 있고 마음속 심리치료는 아직 해결되지 않았다 라고 보여지기에 지속적인 상담과 안전한 환경이 그들에게 필요하다.

　－힘이 없다가 우울증 치료 후 힘이 생겼을 때 더 자살에 취약하고, 새로운 부대로 배치받았을 때 선임병들과의 관계 등 군생

활에 대한 걱정 등이 있기에 자살에 취약해진다.

―자살우려자에 대한 관심이 중요하다. 겉으론 군생활 잘하는
것처럼 위장할 수 있지만 그것이 휴가때문일 수도 있다. 죽겠다
고 힘들다고 하면 휴가를 안 보내 주기 때문에 일부러 더 열심히
생활하는 척하는 것이다.

O이병의 경우도 겉으로 봐서는 멀쩡하고 밝은 얼굴이라 복무
기피 성향으로 보이지만 자살생각을 중학교 때부터 많이 했고,
군에 와서 자대 전입시부터 지금까지 그 생각에는 변함이 없었
다. 일병 때까지 자살생각이 보다 심했고 특히 저녁 이후 늦은 시
간이면 더 심해진다고 했다. 휴가도 연기시키고 현역부적합 심
사준비 중인데 현재 헌병대 영창에서 보내고 있다.

관심간부가 된 모범간부 끝장 토론회를 마치고 일과가 끝났는
데 OOO 대대장이 관심간부에 대한 고충을 말해 상담이 필요할
것 같았다. 간부는 주말 시간대에 더 취약하기 때문이다.

대대장이 말한 OOO 하사(단기하사)는 군생활이 좋았고 장기
로 복무하고 싶은 간부로 병사 때 박격포를 잘 다뤄 화기중대 부

소대장이 되었다. 그런데 중대 회식 중 너무나 기분이 좋아 술을 과음하고, 과음상태에서 운전하다 경찰이 추적하자 과속하며 도주하다 3명의 여고생들을 칠 뻔 했다고 한다.

　계속 도망쳐 달리다 다리에서 차량이 전복되는 사고를 당했다. 그런데 자신은 다친 데가 한군데도 없고 무사하다고 한다. 차량은 인접 00 대대 간부 것으로 피해보상은 000 원으로 합의하고, 국가벌금이 000 원이고 집행유예로 복무부적합 판정까지 갈 것 같다고 한다.

　000 하사를 만나 보니 지금은 경계지원 나와 있는데, 여러 명이 상담을 해주며 위로해 주었다고 한다. 성격도 좋고 군생활 체질인 것 같은데, 술로 인해 자신의 꿈을 저버리게 되니 무척 절망감이 들고 의기소침해 있었다. 장기는 어려울 것 같고 2013년까지 군생활하고 사회로 나가야 될 거 같다고 한다.

　이야기를 충분히 들어주고 공감해 주며, 학생들도 다치지 않고 자신도 다치지 않았으니 우선 감사히 생각하라고 했다. 그리고 많은 돈이 들었지만 값진 인생수업료라고 생각하라고 했다. 다치지 않았으니 천만다행이라고….

지금까지 ○○만 원 모았는데, 합의금으로 절반이 나가야 한다고 한다. 벌금은 최대한 줄여주도록 지휘관, 주임원사에게 협조해보라고 했다. 사회에서의 꿈을 찾을 수 있도록 앞으로 진로지도 상담을 해주기로 했다. 그러자 얼굴표정이 바뀌며 희망을 찾으려는 의욕이 엿보였다.

그는 현재 주변에 친했던 동료간부들의 시선이 신경 쓰여 밖에 나가지도 않고 성격이 소극적으로 변하고 대인기피 증상까지 생겼다고 한다. 한순간에 모범간부에서 관심간부가 되어 간부들이 실탄도 못 만지게 한다며 기분이 많이 상해 있었다. 군대 특성을 이해하고 그것 또한 수용하라고 했다. 대대장에게 상담결과를 보고하고 집으로 돌아왔다. 늦었지만 그를 만나고 나니 기분이 홀가분하고 뿌듯한 마음이 들었다.

흥미로운 내담자 경험(2010. 10. 30)

서초동 ○○○ 심리센터를 찾았다. 내담자 경험을 하기 위해서였다. 내담자의 입장이 되어 보는 것은 유능한 상담자가 되기 위해 반드시 필요하다. 소장인 홍경자 선생님(전 전남대 교수)은 71세로 이화여대에서 상담심리학 석·박사 학위를 취득하고 교수직에 계시다 정년퇴임 후 센터를 운영하고 계셨다.

센터에 몇 차례 들른 경험이 있어 안면도 있고 해서 소장님에게 수련을 받고 싶었다. 내담자 입장으로 가는 지라 센터에 가기 전부터 다소 긴장되었다. 다른 내담자들도 상담받으러 가기 전에 아마 이런 마음이었을 것이다.

센터에서 간단하게 상담 전 작성해야 할 문서를 작성했다. 상담받고 싶은 내용과 가족사항 등이었다. 상담이 시작되면서 가족사항, 원가족 사항 등 어린 시절부터 현재까지의 스토리를 간단히 이야기했다. 선생님은 자연스럽고 편안하게 상담을 이끌어 주었다.

선생님의 추임새와 외국인이 하는 "으흠"하는 반응이 인상적이었다. 가족체계도에선 할아버지, 할머니에 대한 기억과 아버지 형제 관련해서는 알 수가 없어 좀 아쉬웠다고 했다. 나는 어린 시절 7살 때 초등학교 들어가서 한두 살 많은 친구들에게 치었던 경험, 여자 친구들을 못살게 굴었던 경험 등을 풀어냈다. 그러면서도 농사일을 돕는 성실한 아이였음을 이야기했다. 선생님은 그런 나를 "작은 고추가 맵다"라고 표현해 주었다.

형제들에 대해서도 간략하게 말하며 각각의 친밀도와 좋지 않은 형제관계도 밝혔다. 결과적으로 나는 부모에게 '인정받았던 아이'였다. 형제, 형수들과 좋지 않았던 관계, 아내와의 갈등도 표현되었지만 선생님은 전반적으로 가정환경에서 마음의 상처는 받지 않고 성장한 좋은 성장유형이라고 했다.

어린 시절이었지만 학교가지 않겠다고 떼쓰지 않았고, 탈선하지 않고 인내심을 가지고 잘 졸업한 성실하고 인내심이 강한 아이, 대단한 아이라고 했다. 그런 어린 나를 위로해 주라고 했다.

두 번째 케이스는 1시간 30분 정도 진행하고 10분 쉬고 다시 진행되었다. 두 번째 타임 때는 어린 시절 꼬마인 나에게 쿠션을 주고 위로해주는 시간을 가졌다. 먼저 잠시 눈을 감고 복식호흡을 한 후 어린 시절 억눌리고 힘들었던 시절을 떠올려 보라고 하셨다.

이어 떠오르는 아픈 기억들을 보며 어린 시절 나를 위로하고 "네 잘못이 아니야"라고 위로, 격려의 말을 하면서 달래주라고 했다. 그래서 "힘들었지? 괜찮아, 네 잘못이 아냐, 택수야" 하고 어루만지며 안아주고 달래주니 마음이 많이 편안해졌다. 선생님은 나의 현재 주호소 문제가 성격문제와 진로문제라고 하셨다.

성격문제에서 어린 시절 눈치보고 자신 없어했던 것이 습관이 되어 현재도 눈치보고, 핸드폰 만지며 당당하지 못한 부분을 예로 들어 주셨다. 실제 상담관하면서도 그런 경우가 있었다고 말했다. 그것은 나의 자신감 없는 태도와 방어적 자세가 아닌가 했다.

"쿠션을 보듬고 위로해 보니 기분이 어떠냐?"고 하여 "마음이 편해지고 무언가 풀어지는 느낌이 들고 마음이 한층 가벼워졌다"고 했다. 선생님은 집에서도 자신을 위로해 주는 연습이 필요하다고 하셨다.

내면아이(Inner child)를 돌보는 작업은 중요하고 필요한 부분 같았다. 과거의 힘들었던 사연을 듣고 선생님은 '석세스 스토리' 잘 들었다고 했다. 힘들었던 과거는 '진흙 속의 진주'라고 했고, 나만이 간직하고 있는 소중한 보물이라고 했다. 선생님은 "현재 나이에 그렇게 고생한 사람은 별로 없을 텐데…." 하시면서 "참 대견스럽고 성실하게 열심히 살아온 것 같다"고 하셨다.

그리고 카운슬러로서 얼굴 인상이 온화하고 교만하지 않고 밝고 장난기가 있고 해서 나이차 많이 나는 군 병사들과 상담을 잘할 것 같다고 하셨다. 군 출신 상담관들은 대부분 무뚝뚝하고 굳어진 얼굴인데, 군 출신답지 않다고 칭찬해 주셨다. 칭찬을 들으니 기분이 좋아지고, 자신감도 생겼다. 두 케이스의 상담이었지만 내담자로서 좋은 경험이었다. 감사했다. 상담자로서 많은 것을 배울 수 있는 시간이었다.

부적응 병사들 (2010. 11. 1)

#1

K이병을 상담했다. 전화로 개인상담 신청을 한 병사로 두 번째 상담이었다. 첫 번째 상담 때처럼 여전히 적응이 힘들고 주변 동료들과 좋지 않은 관계에 있었다. 모든 일을 긍정적으로 보지 않고 못마땅해 하며 화가 많이 난 상태였다.

처음 이 부대에 오면서부터 미운털이 박힌 것 같았다. 자신은 브라질 영주권자로 할머니가 계신 곳 근처 부대로 재배치되는 것으로 알고 있었고, 그렇게 될 줄 알았고, 동료들도 그렇게 알고 있었다. 그러다보니 소속감도 없었고, 적응도 쉽지 않았던 것이다.

소속부대 간부들도 적응시키는 데 어려움이 있었던 것 같았고 K이병 본인은 정작 복무하는데 개인적인 이득을 바라고 있었다. 아무튼 이곳에선 적응이 어려울 것 같아 재보직을 하도록 도와

주었다. 본인은 사회에서 도움이 되는 보직을 원한다며 의무병을 희망했다. "다른 사람들도 마찬가지로 그런 보직 원하지 않을까?" 되물으며 생각을 바로잡아 주고 그렇게 가더라도 고마움을 알고 열심히 할 것을 당부해 주었다.

#2

OOO 부대 L이병을 상담했다. OO 중대에 여전히 잔류해 있었다. 운전에 대한 부담이 있어 보병으로 재보직해야 하는데, 아직도 있다니 문제라고 생각되었다. 내용을 알아보니 지난번처럼 OO 부대에서 공문서에 차질이 생긴 거였다. 상담을 진행하니 눈물을 보였다. 우울하고 죽고 싶다는 생각도 하고 있었다. 당장 휴가를 앞두고 있어 OOO 대장에게 전화를 걸어 휴가기간 동안 어머니가 잘 보살피고 관리해서 잘 복귀할 수 있도록 당부하였다.

#3

OOO 부대 M일병을 상담하였다. 눈썹을 그려서 선임들과 관계 형성이 좋지 못한 상태였다. 군대에서 눈썹을 그린 것 자체가 이해할 수 없는 행동이었다. M일병을 잘 이해시킨 뒤 선임들이 크게 터치하지 않도록 행정보급관에게 당부했다.

#4

OOO 부대 O일병은 무릎이 아프고 우울증상까지 있었다. 통증도 있고 눈치도 보이니 죽고 싶은 생각이 몇 차례 들었다고 한다. 늦둥이 외아들인데 군에 와서 이런 마음의 상처까지 받고 있어 많이 위로해 주었다. 주임원사에게 도움을 주도록 당부하고 캠프입소도 권유하였고, 정신과 진료도 필요할 거 같다고 전했다.

"선임이 나를 껴안아요" (2010. 11. 2)

#1

OO 중대 N이병을 상담했다. "요즘 스트레스가 많고 미칠 것 같다"고 한다. 원인을 조심스럽게 물어보니 선임병이 자신을 껴안으려 하고 애정표현을 한다고 한다. 잘 때 선임이고 해서 거부도 못하고 자는데 여러 번 잠에서 깨고 힘들다고 한다. 중대장에게 이런 문제에 대해 잘 조치할 것을 당부하고, 마음의 안정과 스트레스 해소를 위해 캠프입소도 필요할 것 같다고 조언해 주었다.

#2

OO 부대 P하사를 두 번째로 상담했다. 이번엔 자신의 성격검사를 해보고 진로를 지도해주기로 했다. MBTI검사를 했는데, ESTJ형이었다. 자신도 맞는 것 같다며 앞으로 경찰 업무를 해보고 싶다고 한다. 잘 확인하고 계획을 수립하도록 지도해 주고 추후 다시 상담해주기로 했다.

관심병사들 (2010. 11. 3)

#1

보충병들을 교육하고 관심병사인 S이병을 상담했다. 불면증이 내재되어 있고 에너지가 약하고 자대생활에 대한 지나친 불안, 걱정을 가지고 있었다. 심리적 안정을 도와주었고, 자대에 가면 상담관에게 전화할 것을 당부해 주었다.

#2

OO 부대 병력결산에 참석했다. 지휘관이 상담관의 노고에 대해 칭찬해 주었다. 인정해 주니 고맙고 앞으로 더 열심히 상담해야 겠다는 마음이 들었다.

#3

영창을 갔다온 T일병을 상담했다. 그동안 "답답하고 죽고 싶었다"고 한다. 00 부대에 오니 마음이 편하다고 한다. 어머니에 대한 적대감이 여전해 면회 오더라도 만나기 싫다고 한다. 어머니는 말뿐이고 진심이 없다고 한다. 어머니와의 감정의 골이 깊고 두텁게 느껴져 안타까웠다. 부모의 지지가 필요한데 그렇지 못하니 자살생각이 내재된 거 같았다. 자대에서 관리하는데 지휘 부담이 있어 병역심사대에서 부적합심의가 되도록 도와줘야겠다.

자살예방 실무자 교육 (2010. 11. 5)

1박 2일간 자살예방협회에서 주관하는 "자살예방 실무자 교육"(대방동 서울여성프라자)에 휴가를 내서 다녀왔다. 빡빡한 교육일정이라 다소 힘이 들었지만 내가 가장 관심있어 하는 자살관련 교육이라 보람있었다. 그러나 너무 정신과 의사 위주로 강사 편성이 되어 있어서 앞으로는 사회복지, 상담심리 분야 교수들 및 현장중심 실무자들이 강사로 적절히 편성됐으면 하는 마음이 생겼다.

마지막 날 플로어에서 교육 참석자들이 실질적인 좋은 의견을 제시했다. 서로 의견을 나누는 워크숍과 사례토의가 있었으면 하는 바람들이었다. 서로 친목활동도 필요하다고 했다. 다행인 것은 마지막 날 식사 중에 같이 앉아서 식사로 OOO 선생님(경찰 정년퇴임)과 더불어 두 명의 선생님들을 알게 된 것이었다. 이들을 통해 인연의 소중함을 더 깊이 알게 되었다. 교육 참석자들과의 소중한 인연이 오래 지속될 수 있기를 바랬다.

'나' 알아차리기 (2010. 11. 6)

　　OOO 선생님에게 내담자 경험을 두 시간 가졌다. 어린 시절 억눌렸던 것들이 습관화되어 사람들 앞에서 간혹 주춤거리고 눈치 보는 경향을 부정적 측면과 긍정적 측면으로 통찰해 보았다. 그러한 점들로 그동안 다소 손해를 본 점도 있었지만 현재의 내가 있기까지 많은 장점과 밑거름이 되었던 좋은 자원이요, 강점임을 알아차리게 되었다.

　　선생님은 나의 자세가 약간 기울어져 있고, 종종 고개를 숙이는 모습을 날카롭게 지적했다. 나도 사진을 찍어보면 그런 자세라고 말했다. 선생님은 자신이 저술한 대인관계 관련 책에 본인의 서명을 해서 나에게 선물해 주었다. 감사해서 나머지 두 권도 구매했다.

나를 알게 하고 깨우치고 자신감을 회복하고, 여기-지금 (here and now) 시점에서 과거의 힘들었던 경험들이 값진 진주가 되어 앞으로 전문상담가로서 내담자들의 치료에 많은 도움이 될 것임을 인식하는 귀한 시간이었다.

아름다운 사람, 故 이태석 신부 (2010. 11. 7)

故 이태석 신부의 일대기를 다룬 다큐영화 '울지마 톤즈'를 관람했다. 이 영화는 아주대 이영문 교수께서 자살예방 교육시간에 소개해 준 영화였다. 영화는 이금희 아나운서의 나레이션으로 1시간 30분 정도 상영됐다.

故이태석 신부는 의대 출신의 신부로 향년 48세에 암으로 세상을 떠났다. 생을 달리하기까지 이 세상에서 가장 가난한 나라 아프리카 남부 수단 톤즈에 병원과 학교를 지어 가난과 병마와 싸우고 있는 아이들을 밤낮없이 치료해 주고 밴드를 만들어 그들을 음악으로 하나되게 해 주었다.

과히 수단의 슈바이처라 할 수 있는 그는 10남매 중 7번째 아들로 태어나 남을 돕고자 하는 마음을 현장에서 실천한 진정한 성인(聖人)이었다. 이태석 신부는 생전에 "가장 보잘것없는 사람에게 도움을 주는 것이 곧 나에게 하는 것이라는 마음으로 그들과 함께 지내고 싶었다"고 밝혔다.

열여섯 번 항암치료를 받았고 암 발병을 알고도 인생을 비관하기보다는 수단에서 자신을 기다릴 사람들에게 더 미안한 마음을 가진 그였다. 그곳에 간 것은 그들의 아름다운 향기가 있었기 때문이라고 그는 말했다. 그런 마음은 어린 시절 한센인들을 현장에서 치료한 덴마크의 다미안 신부를 보고 영향을 받은 것이라고 했다.

신부로서 성경말씀을 몸소 실천한 모습이 나에게 커다란 귀감이 되어 나 역시 영화를 보는 동안 여러 번의 눈물을 흘렸다. 이번 계기로 나 역시도 전문상담관으로 마음이 아픈 장병들을 보다 더 열심히 돌봐줘야 겠다고 다짐했다. 휴가를 보람 있게 보내고 서울에서 화천으로 돌아왔다. 서울과는 다르게 화천 날씨가 더욱 쌀쌀함을 피부로 느낄 수 있었다. 냉기가 있는 방에 화목난로로 불을 지폈다.

가정에서부터 사회화 형성 가져야 (2010. 11. 8)

#1

OOO 부대 관심병사들을 상담했다. 그중 U이병은 최근 동기생한테 "내가 없어지면 좋겠냐?"라고 토로해 중대장이 상담요청을 해 온 케이스다. 상담을 해보니 초·중·고 학창시절에 동기들에게 많이 맞았다고 한다. 몸도 약한 데다 성격상 화를 잘 못낸다고 한다. 군 동기생들과 비교해서 자신이 부족한 듯 열등감도 많은데 동기생들이 무시하고 뭐라고 하니까 화가 나서 그런 말을 했다고 한다. 하지만 다행이도 실제 자살생각은 없는 것 같았다.

#2

W이병을 상담했다. 아버지가 OO 회사 간부로 가정환경은 좋으나 키가 작고 마음이 여려 군생활 적응이 어렵고, 두려움을 많이 가지고 있었다. 특히 GOP에 대한 두려움, OO 부대 근무에 대한 두려움이 너무 커서 잠도 제대로 못자고 불안해 스트레스가 높아져 있었다.

부모가 귀엽게만 키우지 말고 사회화 형성을 가르치고 강인하게 키웠어야 했는데 그렇지 못하니 이렇게 적응에 어려움이 따른다는 것을 알 수 있었다. 당장 전투중대에서 적응시키기에는 어려움이 있어 중대장에게 지휘조언을 해주었다.

#3

Y이병을 상담했다. "몸만 움직이는 것 같고 넋이 나간 것 같다"고 한다. "속이 답답하고 아무것도 모르겠고, 사는 데 목적과 의미가 없다"고도 한다. 어버지가 교사이고 가정환경이나 성장과정에도 별 문제가 없는데 군생활 적응에는 어려움을 호소한다. "매일 죽고 싶은 생각이 많다"고 한다. 자기비하('나는 아무쓸모 없다') 감정으로 눈물이 많이 난다고 한다.

마침 지휘관이 와서 사실을 보고하고 후방부대로 내려갈 수 있도록 협조를 구했다. 가는 길에 레토나(군용 짚차)에 동승하여 후방부대까지 태워주었다. 전방에서 상담관 상담요청에 대한 적절한 조치라 생각되었다. 전방에서 이런 취약한 병사가 계속 근무하기엔 사고우려가 있다.

#4

인접 부대에서 Z하사를 상담했다. 공과 사를 잘 구분하지 못하고 잘못에 대해 거짓말을 하여 중대장에게 좋지 않게 인식된 간부였다. 순간순간 자기입장에서 합리화를 해서 신뢰가 형성이 안 되어 상담을 통해 직면시켜 주었다. 지금부터라도 솔직하게 관계형성을 하도록 조언해 주었다. 사람과의 관계에서 신뢰가 깨지면 조직 속에서 인정받기가 어렵고 같이 근무하기도 어렵다는 것을 인식시켜 주었다.

안전한 환경이 필요한 병사들 (2010. 11. 9)

#1

A이병을 상담했다. 부모간 관계가 좋지 않고 이혼하기 직전인 상태였다. 어머니가 아버지에게 많은 상처를 받고 우울증이 있는 것 같았다. 엄마가 자신에게 "같이 죽자" 했다고 한다. 본인도 자살생각이 많이 들고 자살을 긍정적으로 생각한다고 한다.

동맥을 절단하고 목에 칼을 대어 확실한 죽음을 이끌어야 한다고 한다. 이런 생각은 군 입대 전부터 했다고 한다. 자기 집 옆 15층 고층건물 꼭대기에도 올라가 보았다고 한다. 상담결과 위기병사로 판정돼 대대장, 주임원사에게 알려주고 A이병에게 안전한 환경이 필요함을 인식시켜 주었다.

#2

B이병을 상담했다. 입대 전 폭행 사건과 오토바이 절도 사건에 대한 처벌을 받기 전 대기하는 상태였다. 잘 참다가도 순간적으로 욱하는 성격이 내재되어 있었다. 군에서도 여러번 참았다고 한다. 내재되어 있는 분노와 공격성에 대해 '분노 다스리기'를 가르쳐 주고 실천할 것을 당부했다. 혼자 도서관에 대기하는 것에 대해서도 다소 안전하게 관리해야 함을 깨달았다. 해당간부에게도 적절하게 관리하도록 조언해 주었다.

"선임병을 죽이고만 싶어요" (2010. 11. 11)

#1

캠프에 입소한 C이병을 상담했다. 군생활에 대해 부정적이고 잘 적응하지 못하고 있었다. 단체생활을 싫어하고 혼자 있고 싶다고 한다. 낭만적으로 커피 마시고, 담배 피며 경치 좋은 곳에서 혼자 스트레스를 풀고 에니메이션 분야에 집중하고 싶다고 한다. 이런 조건을 군에서 들어줄리 만무하다. 그러니 군생활 적응이 어려울 수밖에 없다.

선임병이 욕설하면 '죽여 버릴까?' 하는 생각이 마구 든다고 한다. 꿈에 목이 잘리고 토막 난 시체들이 보이고, 자신만 살아있는 장면이 나타난다고 한다. 평소 예민해 선임이 코골거나 발자국 소리를 내면 여러 번 깬다고 한다.

#2

D이병을 상담했다. 겉으론 잘 적응하고 있는 것 같지만 속에는 분노와 공격성이 내재되어 선임병들이 뭐라고 하면 "죽이고 싶고, 공격하고 싶다"고 한다. "화가 나서 쓰레기 버리러 가서 플라스틱 물건을 발로 차고 소리를 지른다"고 한다. "작업하다 삽으로 공격하고 싶고 총기 기름으로 불을 지르고 싶다"고도 한다.

"사고 칠 뻔했는데 너무 두려워 상담관에게 전화를 해서 상담을 요청했다"고 한다. 잘했다고 격려해 주니 이야기를 더 솔직히 털어냈다. "그동안 누구에게도 말할 사람이 없고 자신을 인정해 주지 않는 것 같아 답답하고 미칠 것 같았고 희노애락 중에 희와 락은 없고 노와 애만 있다"고 한다. "신경이 많이 예민해져 있고 선임들의 사소한 농담에도 죽여 버리고 싶은 마음이 든다"고 한다.

마음의 안정이 필요한 것 같아 중대에 복귀하지 말고 대대 의무대에서 며칠간 안정을 취할 수 있도록 도움을 주었다. 위기병사라서 주임원사에게 상담결과를 알려주고 지휘조치 관심을 갖도록 조언해 주었다.

"중국에서 12년 살다 왔어요" (2010. 11. 17)

보충병 인성교육을 실시했다. 매번 3일차 교육이며 자대에 가는 날이다. 현재 이들의 심정은 어떠할까? 잠을 설친 신병도 있을 것이다. 자대에서 잘 적응하도록 한 시간의 짧은 시간이지만 도움이 되는 내용 위주로 강의했다. 위기자가진단표도 체크해보고 현재 상담이 필요한 병사도 식별해냈다.

교육을 마치고 야전부대 상담을 하기로 했다. 그런데 이등병인 한 운전병이 겉으로 보기에도 많이 긴장을 하고 있었고 얼굴 표정이 밝지 못했다. 대략 짐작이 되어 "군 입대한지 얼마나 되었냐?"고 물으니 "3개월째"라고 한다. 운전을 하면서 가끔 질문을 해보니 아직 부대 적응을 많이 어려워했다. 대부분 3개월이면 어느 정도 적응을 하고 자리를 잡는 시기인데 선임병들이 많이 괴롭히는 것 같았다.

○○○ 회관에 잠시 주차해 커피를 마시면서 대화를 나눴다. 자연스럽게 상담이 이루어졌다. 상담을 해보니 동료들에 비해 나이가 많은 25세로 중국에서 대학(경제학과)을 마치고 군에 입대했다고 한다. 중국에서 12년 살았고, ○○○ 운전병으로 보직을 받았으나 적응을 잘 못해 버거워하는 것 같았다. 실수가 있으면 상병, 일병 줄줄이 집합시켜 혼내고, 부대번호, 지역숙지 등의 암기를 강요한다고 한다.

결국 감정을 주체할 수 없어 눈물을 하염없이 흘렸다. 그러더니 연거푸 세 대의 담배를 피운다. 적시적절한 상담의 효과가 있었다. "어제는 화가 나서 숙소를 폭파시키고 싶었다"고 하고, "영창을 가더라도 선임병을 패주고 싶었다"고 한다. 간부도 자신을 못마땅하게 생각하는 등 미운털이 많이 박힌 듯했다. 어린 동기생들과 비교하며 "나이 먹고 그것밖에 하지 못하냐, 지금까지 너처럼 못하는 놈은 처음이다"며 혼낸다고 한다.

사회에서 운전경험이 있어 내가 보기엔 운전도 잘하는 병사인데, 칭찬도 해주고 해야 하는데 질책만 받다보니 주눅이 많이 든 상태였다. 상담 후 해당간부에게 전화하려 했으나 전화를 받지 않았다. 그 병사는 아직 보고하지 말고 좀 더 참아보겠다고 한다. 명함을 주고 힘들면 전화하라고 했다. 지휘참고하도록 지휘관에게 알려야 할 것 같았다. 분명 병영부조리가 잔존하고 있음이 느껴졌다.

요즘 병영생활전문상담관 재보직 관련해서 부대 상담관들이 싱숭생숭한 것 같다. 육본 인사참모부장 지휘서신이 있었다. 상담관을 감축해 2년차 상담관들이 전원 계약해지되었고, 1년차들도 네 명이 계약해지되었다. 부대 내 자살사고 증가가 주된 원인이었다. 상담관이 배치된 부대와 미배치된 부대가 자살사고 발생률에서 별 차이가 없다는 것도 또 하나의 원인이었다.

이를 어떻게 설명해야 할지 답답했다. 상담관들 모두 각자 열심히 임무를 수행하고 있을 텐데 말이다. 자살생각, 정신병리 현상이 청소년들에게 있어 점차 증가추세에 있고 이들이 군으로 유입되면서 점차 자살률이 심각한 수준으로 높아져 가기 때문에 예방활동을 하며 전문상담과 교육 또한 실시하고 있는데 자살사고는 여전히 증가하고 있는 것이다. 최근엔 간부자살마저 증가하고 있어 부대 내 자살문제가 심각한 문제라 아니할 수 없다.

보직해임된 여간부 (2010. 12. 26)

OO 병원에 입원해 있는 G여간부를 병문안했다. 보직해임에 대한 억울함과 분노, 건강이 좋지 않고, 자궁수술에서 오는 허탈감, 좌절감, 억울함, 분노 등으로 인한 우울증이 발생해(우울증 치료 중) 자살생각이 있었다고 한다. 면회하면서 두 차례 눈물을 보였다. 강한 척(페르조나)하면서 그동안 군생활 20여 년을 했지만 현재 어려운 자신의 입장을 이야기하며 많이 슬퍼했다.

그동안 부모 · 형제도 없이 군생활해오다가 대수술을 받게 되니 보호자 해 줄 사람이 없는 것이었다. 수술하러 가는데도 자신이 운전해서 가야할 형편이었다. 피가 모자르는 가운데 수술에 들어가 혼수상태로 수술을 마쳤다고 한다.

대화를 나눠보니 자살행동 위험요인이 존재하고 있었다. '주위 도구를 이용해 목을 맬까?', ' 건물에서 뛰어내릴까?' 등 자살생각을 구체화한 상태였다. G간부는 "우울증 약을 복용해 보니 우울증 병사들의 심정을 이해할 것 같다"고 한다. G간부에 대해서 위험요인과 보호요인을 분석해보고 어느 정도 자살위험군인가를 파악해 보았다.

위험요인

1. 가정환경(부모님 돌아가심, 형제 없음)
2. 촉발사건(보직해임)
  => 억울함, 분노, 배신감.
3. 자신의 건강문제(자궁수술)
  => 우울증(우울증 약물치료 중)
4. 자살생각 구체화(우울증으로 00끈이나 00줄로 목맬 생각, 3층에서 추락할 생각)

보호요인

1. 독실한 기독교 신자
2. 지지하고 인정하는 사람들(일부)
3. 상담관 부부의 위로(지지, 의지의 힘)

어쩌면 다행인 것이 큰 위험은 이미 지나갔고(물론 내재되어 있지만) 내가 병문안을 가서 마음속에 있었던 힘든 사연을 들어주고 공감해준 것이 G간부에게 도움이 된 것 같았다.

이 간부는 겉으로는 강한 척 페르조나로 감추고 있지만 그 내면에는 분노, 억울함, 배신감, 외로움, 우울증으로 인해 자살생각이 깊이 내재돼 있었다. 병문안 하면서 자신의 힘들었던 사연을 경청해 주고 필자의 아내 또한 G간부의 사연을 눈물로 공감해주며 포옹하면서 지지해 주니 감사의 마음을 전했다. 이후에 병문안을 가면서 반찬을 주니 "맛있게 먹고 힘이 많이 난다"고 했다. 돌아오는 길에 G간부의 메시지를 받았다.

메시지를 보고 답장을 보냈다.

찾아주셔서 감사합니다. 좋은 시간 좋은 만남이었습니다. 김치 맛이 끝내줍니다. 잘 먹고 힘내겠습니다. ^^

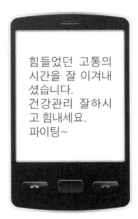

힘들었던 고통의 시간을 잘 이겨내셨습니다. 건강관리 잘하시고 힘내세요. 파이팅~

13. 원활한 의사소통이 자살을 예방한다

서울사이버대에서 조이스 피츠 패트릭 교수(서울사이버대 보건행정학과 석좌교수, 미국 오하이오주 프란시스 볼튼 간호대학교 교수)의 "자살: 삶의 의미 강화하기"란 강의를 들었다.

그녀는 "자살의 원인은 주로 질환, 실직, 재정파탄, 이혼, 지인의 죽음 등 위기상황에서 발생하는 경우가 많다"며 "한 연구결과에 따르면 자살 시도자의 90퍼센트가 평소에 가족, 친지, 친구, 동료들에게 자살을 의미하는 경고 메시지를 보내는데 대부분 가볍게 흘려 듣고 넘어간 것으로 나타났다"고 밝혔다.

"구체적으로 '삶이 무의미하다', '더 이상 살고 싶지 않다', '내 인생은 살 가치가 없다', '죽고 싶다' 이런 내용들의 말을 한다면 위험한 수준으로 의심해 봐야 하고 필요하다면 정신건강 전문가의 도움을 받게 해야 한다"고 말했다.

또한 "만일 주변의 지인이 '내 자신 스스로 돕기 위해 할 수 있는 일이 별로 없다', '내 문제를 어떻게 풀어야 할지 방법을 모르겠다', '이 세상에서 내가 어디에 속해 있는지 모르겠다' 와 같은 말들을 한다면 그 사람에게 현재 도움이 절실히 필요하다는 메시지"라고 밝혔다.

이후 조치에 대해서도 패트릭 교수는 "상대방에게 현재의 힘든 상황에 공감을 표현하고 곁에서 함께 돕겠다는 메시지를 전달하면 효과적"이라며 "'너를 위해 내가 여기 있잖아', '너를 돌봐줄게' 이렇게 말해주거나 가벼운 스킨십이나 포옹을 해 주면 좋다"고 했다.

그리고 구체적인 자살예방 방법에 대해 패트릭 교수는 다음과 같이 밝혔다. "지금 전 세계는 인터넷을 통해 연결된 세계화 시대에 살고 있지만 '원활한 의사소통과 정서적 친밀감'을 느낄 수 있는 관계는 줄어들고 있다. 자살 예방 방법으로 'Mindfulness(마음에 의미 채우기)요법'이 효과적인데, 이는 과거나 미래가 아닌 현재의 삶에 목적을 두고 집중하면서 부정적인 판단을 하지 않도록 하는 것이다. 우울한 마음을 극복하는 방법으로 명상, 긍정적인 기억 회상, 음악감상, 운동 등이 효과적이고 영어학습을 통해 새로운 자극과 동기부여를 받는 것도 좋다"

끝으로 패트릭 교수는 "자살에 이르기까진 복합적인 요인이 작용하기에 아무리 힘든 상황에 처하더라도 주변 사람들과 원활한 의사소통과 원만한 관계를 유지할 수 있다면 자살은 충분히 예방될 수 있다"고 강조했다.

우울증 환자들은 보통 우리주변에 있는 평범한 사람들이다. 성격이 밝고 쾌활한 사람도 얼마든지 쉽게 걸릴 수 있는 것이 우울증이다.

　자살하는 사람은 '자기경계(Self-boundary)'가 약한 사람들이다. 자기경계란 나와 상대방을 구분짓는 울타리를 의미하는데 울타리가 튼튼할 수록 상대방의 말에 충격을 덜 받는다. 남과 나는 다른 존재이며 나 자신의 인생의 가치와 행복을 소중히 여기는 것이 울타리를 보다 튼튼하게 하는 하나의 좋은 방법이다.

　군에서 부적응병사들과 나의 도움이 필요했던 병사들과 함께 했던 1년의 상담관 시절을 마무리하며 화천 최전방을 뒤로 하고 아쉬운 작별을 고하게 됐다. 마지막 부대장님께 신고를 드리고 예하 연대, 대대에서 영원히 기억해줄 기념패를 받았다. 짠한 감정에 눈물이 아른거렸지만 애써 참았다. 부대 관계자들은 나에게 송별 기념사진을 기념패에 담아 사랑과 정성으로 전해주었다. 그중 귀중한 글을 이곳에 적는다.

* 가장 정이 많이 들었던 최전방 OO 부대에서 제공한 기념패 내용이다.

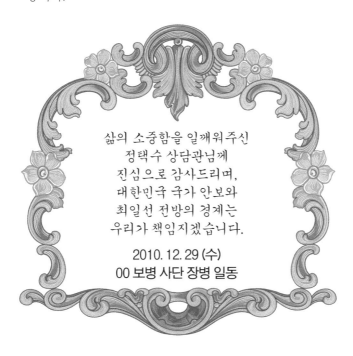

삶의 소중함을 일깨워주신
정택수 상담관님께
진심으로 감사드리며,
대한민국 국가 안보와
최일선 전방의 경계는
우리가 책임지겠습니다.

2010. 12. 29 (수)
OO 보병 사단 장병 일동

* 다음은 상담관에게 정성과 마음을 다해 지원을 아끼지 않았던 연대장님께서 증정해 주신 기념패 내용이다.

그 동안 아낌없이 사랑과 정성으로
무사고 부대 달성에
큰 기여를 해주신 상담관님께
연대 전 장병의 마음을 모아
깊은 감사를 드립니다.
항상 건강하시고 가시는 앞날에
언제나 영광이 함께하길 기원합니다.

2010. 12. 30(목)
제 00보병 연대장 대령 000

14. 대다수 병사들은 늠름한 20대 젊은이들

'장병심리'에 대한 글을 정리하면서 드는 생각은 이 글을 읽는 독자들께서 혹시 부적응 병사 문제를 군 장병들 다수의 문제로 보실 수도 있을 거라는 것이다. 하지만 여기서 언급한 부적응 병사들은 대략 10명에 1명 정도(비율로 정확히 수치화 할 수는 없음)에 해당되는 수치라는 것을 알아주셨으면 좋겠다.

대다수 젊은이들은 군에서 건강하게 체력을 기르고 사회화 과정을 거치며 보다 더 성숙해지고 늠름해진다. 최근 배우 현빈처럼 해병대를 자진지원해서 멋지고 늠름하게 군복무하는 친구들도 참으로 많다.

필자 자신이 군 복무를 마치고 다시 군 장병 상담을 하게 된 동기는 이처럼 소중한 우리 젊은이 중에 군에서 적응하지 못하고 자살하는 인원들 때문이다.

2009년 당시 1년에 60여 명이던 자살자 수가 최근 2010년 분석자료에서는 80여 명으로 나타났다. 당시에 이런 자살사고 사례를 접하면서 한 사람의 부모 입장에서 얼마나 가슴 아팠는지 모른다.

그래서 그때부터 열심히 자살사고 사례들을 분석하기 시작했다. 대상자 60여 명을 꼼꼼하게 분석하면서 조금만 우리가 주의를 기울여 관심과 도움을 주었더라면 하는 아쉬움이 생겼다. 나 역시 부대지휘관이던 시절 지휘관으로서 장병들을 군에서 귀중한 생명을 잃게 해서는 안 된다는 마음을 굳게 먹고 내 자식처럼 온 정성을 기울여 관리했었다.

나의 군 장교 시절 22여 년의 경험이 통했는지 당시 단 한 명의 부하도 자살로 목숨을 잃지 않았다. 그리고 나는 군이 좋아 전역 후 군 환경으로 다시 돌아올 수 있었다. 전역을 앞두고 사람의 마음을 이해하기 위해 대학원에서 심리상담학을 공부하고 졸업과 동시에 국방부 병영생활전문상담관에 응시해서 합격해 최전방을 지원해 군생활에 어려움을 겪는 장병들을 돕게 되었다.

생명의 소중함에 대해 탈무드에는 "한사람의 목숨을 구하는 것은 온 세상을 구하는 것과 같다"고 나와 있으며, 생명의 전화(Life-line)를 만든 알렌 워커 목사는 "이 세상 천하에 사람 생명만큼 소중한 것은 없다"고 하였다.

이 글을 쓰면서 최근 안타까운 일이 또 하나 발생했다. 카이스트 학생 네 명이 자살한 것이다. 이들 학생들은 내가 군에서 상담했던 병사들 연령대의 소중한 청년들이다. 우수한 영재들로서 장차 최고의 과학자들로 나라의 미래를 이끌 존재들이었기에 더더욱 안타까운 마음이다.

지나친 경쟁으로 카이스트 학생들을 잃다

카이스트 자살 관련해서 진상원 씨(카이스트 박사과정, 전 대학원 총학생회장)의 글을 소개해 본다(한겨레신문 2011.4.8일자 참조).

"학생들은 공부하고 싶은 과목보다 학점을 잘 주는 강의를 찾게 됐다. 잘 모르는 것을 배우기보다 잘 아는 것을 반복하게 됐다. 꿈을 찾아서 현실적인 요소는 무시하고 자기가 하고 싶은 공부에 뛰어들었던 학생들은 '징벌적 수업료'라는 폭탄 앞에서 '도대체 학교를 어떻게 다녔기에 안 내던 돈을 내라고 하는 거냐?'는 가족의 걱정 앞에서 할 말을 잃는다.

자기가 뭘 잘못했는지도 모른 채 허깨비와 싸우면서 방학을 보내고 나면, 이제 꿈은 꿈이고 현실은 현실이라는 것을 깨닫는다. 그래도 깨닫지 못한 채 어렸을 때의 꿈을 간직하고 다시 도전하는 학생에게 학교는 또 다시 현실의 준엄한 철퇴를 내린다. '장짤'(국가 이공계 장학금을 못 받게 되는 학생들을 일컫는 말), 그리고 그들의 수업료.

서남표 총장의 정책은 한마디로 요약할 수 있다. '경쟁'. 세계적인 연구자들은 경쟁을 통해서 만들어진다며 교수들에게 경쟁을 요구했다. 이른바 '순위'라는 것에 학교 그 자체도 맹렬하게 경쟁한다. 학생들에게도 경쟁을 시켰다. 무한경쟁, 다 잘하면 다 같이 잘되는 것이 아니라, 아무리 잘해도 4분의 1은 탈락하는 경쟁 말이다.

벼랑 끝까지 몰린 학생이 자살을 택했을 때도 서 총장은 말했다. '안타깝지만 나는 잘못한 게 없다'고. 두 번째 학생의 자살에도 그는 외면했다. 세 번째 자살이 발생했을 때는 오히려 학생들의 나약한 정신을 질타했다. 네 번째 자살이 발생하자 그제서야 머리 숙여 사과한다."

올해 자살한 카이스트 학생들의 자살사건을 도식화해 보았다.

일 시	대 상	방법	내 용
2011.1. 8	1학년 조모 씨(19)	약물사	−성적과 여자 친구 문제로 고민 −전문계고 출신의 로봇 영재
3. 20	2학년 김모 씨(19)	아파트 투신	−자살 동기 밝혀지지 않음 −과학고 출신
3. 29	4학년 장모 씨(26)	아파트 투신	−조울증 −강남지역 고교 출신
4. 7	2학년 박모 씨(19)	아파트 투신	−우울증 −한국과학영재학교 출신

주위의 관심을 한몸에 받으며 카이스트에 입학한 것이 학생 개인에게도 커다란 자부심이었을 것인데 우수자원들만 모인 그곳에서는 또 성적순으로 서열이 나뉘어 1등부터 꼴찌까지 등급이 매겨졌을 것이다. 학점 0.01점당 6만 3,000원의 등록금제도를 시행하다 보니 그들은 성적 스트레스가 엄청났을 것이고 성적에서 뒤처지면 커다란 좌절감과 우울감을 맛보아야 했을 것이다.

그들은 친구간의 우정과 선후배간의 정, 캠퍼스의 낭만과 여유를 찾지 못하고 경쟁에만 몰두해야 했을 것이다. 공부와 자신만의 외로움과 싸워야 하는 우리의 청춘 그들의 아픔을 이해할 만하다. 자살한 4명 중 2명은 조울증, 우울증 등 정신병리의 문제를 지니고 있었다. 우울증은 자살과 연계성이 많다. 전문가에게 의뢰하여 심리상담 치료를 받으며 주변사람들이 관심과 사랑을 쏟아야 했다.

학생 4명의 자살은 '베르테르 효과'[2]로 인한 것이었을까? 그

---

2) 괴테의 소설 '젊은 베르테르의 슬픔'에서 연유. 잠깐 작품 이야기를 하자면 어느 봄날 베르테르는 법관의 딸 로테를 알게 되면서 사랑에 빠진다. 하지만 그녀에겐 이미 약혼자가 있었다. 낙담한 베르테르는 고향을 떠나게 되고 다시 돌아왔을 때 로테는 이미 결혼한 상태였고, 이에 절망한 베르테르는 권총으로 자살한다. 소설은 1774년 대열풍을 일으켰고 수많은 청년들의 모방자살로 이어졌으며, 괴테 자신이 나서 청년들에게 '자살은 안 된다'고 호소하였고 로마 교황청에서도 책의 출판을 금지시켰다. 1974년 미국의 사회학자 데이비드 필립스가 모방자살 또는 동조자살을 '베르테르 효과'라고 명명하였다.

런 영향도 있었을 것이다. 유명 연예인의 자살은 베르테르 효과를 낳는 것이 사실이다. 故 최진실의 사망시 사건 당월 이후 700여 명의 자살자가 더 발생했다(정택수 저 "베르테르는 더 이상 죽지 않는다" 참조)

카이스트 학생자살과 직접적인 관련은 없지만 4월 7일 박 군의 자살 이후 3일 만인 4월 10일에 이번에는 카이스트 교수가 자살했다. 자살한 카이스트 박모 교수(54)는 10일 발견 당시 자신의 아파트 다용도실 주방 가스배관에 목을 맨 상태였다. 아내 손모(53) 씨가 대학원에 다니는 자녀들 때문에 서울에서 살아야 해 혼자 대전에서 지내면서 주말에만 서울로 올라가거나 가끔씩 가족이 대전으로 내려오곤 했다.

한편 박 교수는 지난 2월 연구인건비를 유용한 혐의가 적발돼 징계 및 검찰고발 통지를 받고서 무척 괴로워했다고 동료 교수들은 전했다. 박 교수는 1996년 카이스트에 부임해 2007년 영년직 심사에서 통과했다. 2010년 2월에는 연구성과를 인정받아 최우수교수로 선정됐고, 지난 1월에는 '올해의 KAIST인상'에 뽑히기도 했던 인물이다.

－박 교수의 자살원인을 분석해 보면 첫째, 박 교수는 외국에서 박사학위를 받고 우수한 석학교수의 지위에서 연구비 중 일부(2천 2백만 원)를 개인용도로 유용한 것이 밝혀져 감사징계 및 종신교수 탈락 등의 위기감에 빠졌을 것이다. 그러면서 그동안의 명예와 자존심들이 바닥에 떨어지고 가족에 대한 미안함과 걱정 등이 그를 심리적으로 압박해왔을 것이다.

이 사건은 박 교수 인생 중 가장 최악의 위기였을 지도 모른다. 그가 그전에 이런 힘든 역경을 극복해 본 경험이 있었을까? 청년기, 성인기를 지난 중년기의 위기는 자살위험률을 매우 높인다. －나이가 들수록 자살 시도시 생명에 더욱 치명적이다－ 따라서 이런 위기는 고위험 촉발요인이 된다.

둘째, 박 교수는 이미 자살하기 전 자살예고, 경고사인을 남겼을 것이다. 특히 동료교수들에게 이런 문제가 발생되어 괴롭다고 말을 했다. 주변 동료교수들이라도 이런 고민을 들어주고 같이 대안을 찾으며 도움을 주었어야 했다. 즉 자살지킴이(Gate keeper) 역할을 하고 도움을 주고 학교 기획처장 등 학교 교수간부들과도 논의를 가져 박 교수의 어려움에 대한 해결책을 찾았어야 했다.

  셋째로 가족과 떨어져 주말부부 생활을 해왔다는 점이 자살원인이 될 수 있다. 가장 가까운 아내에게 모든 것을 터놓고 이야기하고 대책을 강구해야 했었는데 그러지를 못했다. 혼자 고민하고 괴로워하다 결국 자살을 결심하는 '인지협착'(터널 비전) ― 부정적 생각으로 가득차 자살이 최선의 방법처럼 생각되는 상태―으로 자신을 몰아가게 된 것이다.

  결론적으로 박 교수 주위 지인들에게 자살예방을 위한 자살이해가 선행되었어야 했고 그들이 자살 위기자에 대한 게이트 키퍼 역할을 감당했어야 했다. 또한 폭넓게는 전국민 모두가 자살 위기자들이 내 주변에 있을 수 있기에 주위를 잘 살피고 그들에게 간접적인 도움이라도 줄 수 있어야 한다. 자살 위기자들을 식별해 자살예방센터 등 전문기관이나 심리상담 전문가, 정신과 의사 등에게 알리는 것은 최선의 방법이다.

15. 실제 상담사례 양식

다음 내용들은 군 전문상담관을 하면서 상담했던 사례들을 상담학회에 발표하기 위해 준비했던 내용으로 내담자들의 양해를 구해 정리해본 것이다.

상담 사례발표 내용 (사례 #1)

Ⅰ. 내담자 정보

1. 내담자 인적사항

1) OOO 일병, M(만 22세), 대재

2. 이전 상담경험 및 내방경위

부대에서 A급병사로 관리되어 왔으며, 비전캠프에 입소하여 지휘관 요청에 의해 상담을 하게 됨. 그전까지 부대에서 중대장, 행정보급관에 의해 관리되어 왔음

3. 주 호소문제

1) 행동문제: 상대방 눈을 잘 쳐다보지 못하고, 소심하고 자

신 없는 행동을 보임

2) 정서문제: 좋은 일이 없고, 희망이 없어 보임

3) 대인관계: 일부 제한된 인원과만 관계형성

4. 인상 및 행동관찰

170cm의 키에, 62kg 몸무게로 내성적이지만 말을 잘하는 편으로 부대에서 잦은 실수로 중대원들에게 피해를 입히게 된다며 의기소침해 함

5. 가족 관계

1) 아버지(50세): 고졸 학력의 직장생활하는 평범한 아버지로 자식들과 별로 대화를 하지 않는 무뚝뚝한 성격이라고 함

2) 어머니(46세): 고졸 가정주부로 여린 마음의 소유자로 내담자에게 잘해준다고 함

3) 동생(18세): 고등학교 재학 중인 남학생으로 내담자와 사이가 좋다고 함

6. 심리검사 결과

* 우울증 검사(BDI) : 44점 (심한 우울증으로 전문가와 상담 필요)

Ⅱ. 내담자의 이해

1. 내담자 관련 사항

집안형편이 어렵고 가정이 대출을 받아 7,000만 원의 빚을 지고 있는 상태이며 이를 갚지 못해 아파트 법원경매에 설 예정이며 중대장 면담(10.19)시 "자살하고 싶을 때가 많다"고 털어놓았다. 학창시절에 집단 따돌림과 친구들의 구타로 인한 피해의식을 지니고 있고, 내무반 생활시 소외감을 자주 느끼며, 혼자 있고 싶을 때가 많다고 한다. 전 상담관과의 상담에서 정신과 진료가 요구된다는 소견이 나와 시간을 두고 관심을 가져줄 것을 해당 부대에 당부했다.

춘천 정신과 병원진료(11.17)에서 긍정적인 자세로 밝은 생각을 많이 하자는 권유와 투약조치를 받고 3주 후 재진 약속을 했다. 12. 10일 2차 정신병원 진료에서도 지속적인 투약조치를 받았고 근무자세는 이전보다 긍정적이고 적극적으로 변화하려는 것을 보여 주었다.

중대장과의 면담(12.17)시 부모 거주 아파트가 경매로 처분되었고, 동생 등록금 필요 등의 경제적인 어려움을 호소하며 앞으로 부사관 지원을 희망했다.

2. 상담자가 본 내담자 문제

가정형편이 어려워 돈을 벌고 싶은 욕구가 많으며, 학창시절 관계형성 부족으로 군에 와서도 적응을 잘 하지 못하고 잦은 실수로 동료들에게 좋지 않은 인상을 받고, 경제적 어려움으로 군 부사관을 희망.

3. 내담자의 자원

군대에 잘 적응하지 못하고 우울성향은 있으나 자신의 장래에 대한 희망을 갖고 군 부사관을 준비하고 있고, 부사관 자격이 고졸 이상이므로 응시가능함. 틈틈이 독서와 체력단련을 통해 부사관 준비를 하게 함

III. 상담목표/전략 및 진행과정

1. 상담목표

1) 현실적으로 적응하도록 유도

2) 실수를 줄이고, 현실적인 진로지도와 희망 부여

3) 단체생활에서 대인관계 변화노력 통한 새로운 관계형성

2. 상담전략

1) 실수를 줄이기 위한 내담자 개인노력 얻어 내기

2) 장래진로 지도, 목표달성을 위한 준비지도

3) 대인관계 향상을 위한 친한 동료와 관계맺기 시도

3. 상담 진행과정

초기면접 1. 27	2회기 2. 9	3회기 2. 26

Ⅳ. 상담회기별 요약

◆ **1회기**(1. 27, 10:00~10:45) **당면한 문제 이해, 심리적 접촉관계 형성**

내담자는 현재 통신중대 전령으로 임무수행 중이라 한다. 전령에 대해 질문하니 전령은 중대의 일일시간을 계획하고 중대교육 훈련 계획 작성 등 중대장 지시를 받아 중대행정 업무를 수행하는 것이라고 한다. 현재 업무수행에 어려움은 없는데, 간혹 잦은 실수를 한다고 한다.

휴가복귀 후 러브캠프에 입소한 뒤 상담을 통해 "선임병들과 관계가 안 좋다", "중대에 왜 있는지 의미가 없다"고 한다. 중·고등학교 학창시절에는 왕따를 당했다고 한다. 이유는 신체가 약하고, 말도 잘 못하고, 사람 앞에 나서기도 힘들었기 때문이라고 한다.

군에서도 여전히 사람대하는 것이 힘들어 욕도 자주 듣고 잦은 실수 때문에 중대원들에게 피해를 주는 거 같아 미안하다고 한다. 중대원들에게 평소 말을 할 때 문장이 이어지지 않고, 전화상으로도 전달이 잘못되어 선임들에게 "똑바로 전달하라"고 혼난 적이 있다고 한다.

이등병 때는 집근처 정신과에서 진료를 받은 적이 있는데 대인기피증 진단을 받고 약물을 복용했다고 한다. 현재 군 병원인 00 정신과병원 진료를 받고 약을 먹는데 효과가 별로 없는 것 같다고 한다. 잠은 중간중간에 깨며 최근 혼자 담배를 피우고 슬퍼서 눈물을 보이게 된다고 한다.

이미 중학교 시절에도 종종 죽고 싶은 생각이 있었는데 군에 와서는 지속적으로 죽고 싶은 생각이 들었다고 한다. "사회 있을 때 칼로 자해를 했고, 오토바이 사고로 죽고 싶은 충동도 느꼈고 군에 와서는 '행군하다가 낭떠러지에 떨어져 버릴까?' 하는 생각도 했다"고 한다. 현재 군에 왜 있는지 모르겠으며 만일 군생활을 계속 한다면 집안형편이 어려우니 부사관으로 지원하고 싶은 생각이 있다고 한다.

지금 집안에서 아버지는 일이 없고, 어머니만 일을 나가셔서 가정형편이 어렵다고 한다. 휴가 중에 아르바이트를 해서 30만원을 부모님께 드리니 많이 기뻐하셨다고 한다. 여동생은 고교 졸업 후 재수 준비를 하고 있으며 내담자 자신의 미래희망은 돈을 많이 버는 것이라고 한다.

〈상담자 소견〉

　현재 마음이 안정되어 있지 못하고 앞으로 사회생활을 할 것인지, 부사관으로 지원할 것인지 사이에서 혼란스러워 하고 있으며 군 복무 중에 사회에서 돈을 많이 벌고 싶다 등의 비현실적 사고를 가지고 있었다. 자살사고 또한 많이 가지고 있어 지금 힘든 대인관계에서 신뢰관계를 먼저 형성하도록 직면시켜 주었다.

◈ 2회기(2. 9. 15:00~15:50) 첫 회기 이후 변화상태 확인

　1회기 상담 이후 마음이 좀 어떠한지 물어보니, 좀 좋아졌다고 한다. 러브캠프 이후 자대에 복귀해 근무 중이었으며, 부사관 지원에 대한 마음은 변함없으며, 현역 부사관 지원이 50퍼센트, 전역 전 전문 부사관 지원 가능성이 50퍼센트라고 한다. 부사관 중에서도 부관병과 부사관을 지원하고 싶다고 한다. 만일 계획대로 안 되면 전역 후 공부하여 대학에 들어가고 싶다고 한다.

　선임들이 "꿈이 뭐냐?"고 물어 보아 "꿈이 없다"고 했는데 그러고 나니 마음이 슬펐다고 한다. 금일 ○○ 병원에 다녀왔다고 하는데 별 효과가 없다고 한다. 우울증검사(BDI)를 실시해 보니 12점으로 최초 검사(44점) 때보다 적게 나와 많이 호전되었음

을 알 수 있었다.

그동안 스스로 마인드 컨트롤을 많이 했다고 한다. 아침에 일어나서 '오늘은 긍정적이고, 자신감 있게 하루를 보내자' 라고 스스로 다짐하고 일하는 중에도 속으로 '잘 하고 있다' 고 자신을 칭찬해 준다고 해 계속 그렇게 할 것을 당부해 주었다. 건의사항이 있다고 해 들어보니, 4월 중 가족이사가 있어 어디로 이사가는지 가보고 싶고, 할머니도 뵙고 싶어 휴가를 나가고 싶다고한다. 상담 후 행정보급관에게 관련사항을 통보해 주었다.

〈상담자 소견〉

첫 회기보다 다소 좋아지고 있음을 알 수 있었고, 자신의 진로에 대해서도 자신감을 가지고 부사관 지원이라는 긍정적인 목표를 세웠고, 스스로 긍정적인 마인드 컨트롤을 통해 자신감을 회복하려는 점이 반가웠다.

◈ 3회기(2.26, 10:00~11:00)

부사관 지원을 통해 현재 군생활에서 돈을 벌어 안정적인 생활을 하고 싶은 욕구가 보인다. 행정보급관, 중대장과 대화하니 부사관 지원에는 체력검정이 중요한데 아직 준비하는 모습이 안 보여 추천서를 써줘야 하는데 걱정된다고 한다. 부관병과 모집은 이번이 마지막이라 일병에서 지원한다고 한다. 그렇지 않으면 내년에 지원할 수 없다고 한다.

내년 전역 전에는 전문하사 지원도 고려해 볼 수 있다고 한다. 안 그러면 전역 후 수능시험을 볼 생각이라고 한다. 어떻게 준비하느냐에 대해 질문하니, 우선 필기시험을 준비하고 합격하면 체력검정을 집중적으로 준비할 계획이라고 한다. 불합격되어도 후회하지 않을 거라 한다. 고등학교 때는 공부하지 않고 많이 놀았지만 좋은 경험은 되었다고 한다. 상담은 계속 진행 중으로 지속적인 관심으로 내담자의 변화를 이끌어 낼 예정이다.

상담사례 내용 (사례#2)

Ⅰ. 내담자 정보
 1. 내담자 인적사항
  1) 김무진(가명), M(만 21세), 대재

2. 이전 상담경험 및 내방경위

부대전입 후 문제병사로 분류되어 중대장과 면담을 한 경험이 있으며 OOO 중대에서 마음의 편지에 "죽고 싶다"고 기록해 지휘관 요청에 의해 상담받게 됨

3. 주 호소문제

1) 행동문제: 움츠려든 자세로 상대방과 시선을 마주하지 못하고 옆을 보면서 말을 하고, 말소리가 적고 더듬으며 손을 떠는 경향이 있고 전체적으로 의기소침해 보임

2) 정서문제: 웃음이 없고, 말하고 싶은 생각이 없다고 함

3) 대인관계: 그동안 별다른 친구관계 형성이 없었으며, 이성친구도 사귀어본 경험이 없음. 군 입대 전 혼자 있기를 좋아하며, 컴퓨터를 즐겨했는데 군 입대 후에도 동료들과 어울리지 못하고 집단따돌림을 당하였음. 자기표현력이 부족하고, 사람들과 잘 어울리지 못하고, 상대방을 이해하고 배려하는 면이 부족함

4. 인상 및 행동관찰

키 168cm, 몸무게 50kg의 체격을 가지고 있으며 목소리가 작아 집중해서 들어야 했고, 주로 단답형으로 답변하며, 말을 하다가 끊기고, 상담 장면에서 눈을 아래로 내리고 있거나 옆으로 돌리는 등 시선접촉(eye-contact)이 원만하지 않았다. 말을 할 때도 고개를 자주 흔들며 수줍어하고, 가슴을 움츠리고, 걷는 동작이 씩씩하지 않았다.

말을 잘 안하면서도 자신의 힘든 내용(힘든 훈련 제외시켜줄 것과 휴가요구 등)에 대해서는 먼저 이야기했다. 사람들을 대할 때 정면으로 바라보지 못하고, 내성적이고 낯가림을 많이 하고 있으며, 적응이 느리고 동작이 느리며, 단체생활에 적응이 어렵고, 이해력이 부족하여 동료들과 잘 어울리지 못하고, 대인관계에 어려움이 있다 보니 군에서 부적응병사로 분류되는 등의 어려움을 호소했다.

심적 괴로움을 마음의 편지에서 표현하길 "지금 아무 생각이 없습니다. 그냥 마음 편하게 죽고만 싶습니다. 죽는 것도 그냥 죽는 게 아니라 아무 고민 없이 한방에 가고 싶습니다. 아무 고민, 걱정 없이 모든 걸 정리하고 싶은 게 제 심정입니다. 누가 대화를 거는 것조차 너무 싫습니다. 이 현실에서 당장 벗어나고 싶습니다. 아무 미련도 남지 않습니다"라고 썼다.

5. 가족 관계

1) 아버지(54세): 중졸이며, 화물차 기사로 다소 엄한 성격을 지니고 있으며 자식에게 무뚝뚝하고 고집이 강해 가족들과 마찰이 있음

2) 어머니(46세): 초졸로서 가정도우미를 하며, 신부전증을 앓고 있다고 함

3) 누나(23세): 직장생활을 하며, 내담자가 학창시절에 자살시도를 함

6. 심리검사 결과

1) 군 간편인성검사(SAT profile II)

인성과 정서면에서 심각한 문제와 혼란한 심리현상이 나타나 주변의 불신과 소외를 당할 가능성이 아주 높고 자괴감에 따른 비관으로 우발적 행동을 할 수 있으므로 깊은 애정과 관심이 필요해 전문가의 즉각적인 심리치료를 권함.

2) 우울증 자가 진단표: 70점(65점 이상: 우울증 치료 시급
단계)

3) SCT(문장완성검사)

−우리 가족의 가장 큰 문제는 <u>대화부족인 것 같다.</u>

−지금 내게 가장 걱정이 되는 가족은 <u>어머니이다. 유전병으로</u>
<u>약 드시며 생활한다.</u>

−다른 사람이 나를 보면 <u>나는 시선을 어디에 둬야 할 지 모르</u>
<u>겠고 어떤 말을 해야 할지 모르겠다.</u>

−나의 군생활은 <u>겁이 나고 어떻게 생활해야 할지 모르겠다.</u>

II. 내담자의 문제 이해

1. 발달사 및 성장과정

2형제 중 막내아들로 태어나서 귀여움을 많이 받고 성장하였
으며, 조용하고 낯가림을 많이 하는 성격이다. 6세 때 말을 더듬
어 어머니가 잘 챙겨주고 보호해 주었으며 정리정돈을 잘 못해
물건을 분실하여 아버지에게 혼난 기억이 있다고 한다. 현재 새
로운 환경에 적응을 잘 못하고, 사람들과의 대화에서 이해력이
부족한 상태라고 한다.

사춘기 시절 혼자 조용하게 공부를 하는 편이었으며, 컴퓨터 게임(서든어택)을 즐겨하는 등 혼자 있는 시간이 많았다고 한다. 학교에서는 친구관계가 원만하지 않았고, 말 없이 조용하고, 책상에 앉아서 공부하는 타입이었고, 초등학교 때부터 공중화장실에서 소변볼 때 친구들이 보면 쑥스러워했다고 한다.

공중목욕탕에서도 다른 사람과 만나는 것이 두려워 혼자 다녔으며, 고등학교 때는 식사할 때 친구들이 부담스러워 식사도 안하고 화장실에 혼자 있었던 적도 있었다고 한다.

대학교 2학년 때부터 학교에 잘 나가지 않았으며, 시험도 안보고, 집에서 계속 컴퓨터를 하며 히키코모리(은둔형외톨이)같은 생활을 하였다고 한다.

2. 상담자가 본 내담자 문제

자기 외에 다른 사람들과 관계형성을 하지 않고 혼자 생활하는데 익숙하며 남들과 어울리길 싫어한다. 청결한 것을 너무 좋아해 군생활하며 식사 후 식기세척도 여러 번 하는 등 주변동료들에게도 이상하게 보이고 평소 에너지가 적고 희망이 없고 죽고 싶은 생각을 자주하는 편으로 군생활 적응이 어려운 병사로 평가된다.

3. 내담자 자원

내성적인 성격으로 자기 자신에 대해 어느 정도 믿음이 있고 미래에 대해 긍정적으로 생각하고 있어 군 전역 후에는 사회생활 잘 할 수 있을 거 같음

Ⅲ. 상담목표/전략 및 진행과정

1. 상담목표

1) 부대 부적응 증상을 적응으로 이끌기 위해 행동수정을 통한 변화 시도

2) 부정적 사고를 긍정적 사로로 전환(인지행동 치료)

3) 단체생활에서 대인관계 노력(변화)을 통한 관계형성

2. 상담전략

1) 내담자 눈높이에 맞는 단계별 행동목표 설정해 실천하기

2) 부정적 사고를 긍정적 사고로 전환

: 나는 잘하는 것이 없고 무능력하다 → 나도 나만이 잘하는

부분이 있다.

3) 대인관계 형성을 위한 친한 동료와 관계맺기: 동료 전우 1~2명과 친밀한 관계형성

3. 상담 진행과정

초기면접 1. 4	2회 2. 11	3회 2. 25

IV. 상담회기별 요약

◆ **1회기(1.4, 10:00~10:45) 당면한 문제 이해, 심리적 접촉관계 형성**

내담자는 첫인상이 힘이 없어 보이고 의기소침해 보였다. 지휘관의 권유로 상담을 시작하게 되었고 현재 자살사고를 많이 하는 상태로 과거에는 종교적(기독교) 신념으로 자살을 해서는 안 된다고 믿었다고 한다. 신교대 4주 후 의도적인지는 알 수 없지만 "죽는다"는 표현을 많이 한다. 부모도 자신의 결벽증을 인정한다고 하며, 혼자 있는 것을 좋아하는 지극히 내성적인 성격이다.

어머니에 대한 걱정이 많으며 학창시절에 누나가 자살을 시도했다고 한다. 잠자는 것은 어떤지 질문하니, 자다가 도중에 네 번정도 깨지고 늦게 잠이 드는 편이라고 한다. 상담 도중 "신교대에서 죽고 싶었다"며 눈물을 흘렸다. 마음의 편지(중대장)에는 "아무도 나를 이해하지 못할 겁니다. 어떻게 지면에 다 쓸 수 있겠습니다. 지면이 부족합니다…. 이곳에서 없어지고 싶습니다"라고 기록했다.

상담과정 중 "OOO에서 타부대로 내려간다 해도 군 환경은 다를 바 없을 것"이라며 "지금 말 꺼내기도 싫고 여기 있는 것 자체가 고문"이라고 한다. "누군가 나를 감시하는 것 자체가 기분이 나쁘고 괴로우며 마음의 편지에 쓴 대로 현재 마음의 변화는 없고 한방에 죽고 싶다"고 말했다.

⟨상담자 소견⟩

첫 상담이라 정서적으로 불안하고 잘 적응을 못해 부적응에 대해 이해해주고 공감해 주었다. 내담자의 주요 문제는 삶에 의욕이 없고 절망감으로 죽고 싶은 심정이고, 군생활에 대해 매우 부정적이라는 것이다. 동료들과 어울리지 못하고 대인관계 형성이 어렵고 군 복부 부적응자로 우울증세에 따른 자살우려 병사로 판단된다.

◆ **2회기(2.11. 15:00~15:50) 첫 회기에 대한 상담느낌 대화 나눔**

　군 병원 진료가 다소 지연되어 민간병원에서 정신과 진료를 세 차례 받았으나 담당의사 소견에 의하면 우울증 치료를 실시했고 이후에 우울증은 아닌 것으로 판단되어 병원치료를 중단했다.

　OOO 중대에서 내려와 OO 대대에서 관리하고 있는 상태로 상담을 해보니 중대에서보다 스트레스를 더 받는다고 한다. 식사할 때도 사람들이 너무 많이 몰려서 밥 먹고 빨리 나와야 한다고 한다. 그 대신 통제는 안 받고 자유롭게 혼자 다니니(일일이 보고 안 하니까) 좋다고 한다.

　민간 정신과 병원에 대해 매우 부정적으로 생각하고 있었다. "민간병원 의사들은 까칠하고 첫 날에는 5만 원, 다음엔 22만 원, 그 다음 번엔 5분 대화하고 진료비 4만 원에 약도 안 줬다"며 "믿을 수 없다"고 한다.

　OO 군 병원 정신과 진료가 예약되어 있지만 "군의관도 믿을

수 없다"고 한다. 현재 보직은 사이버 지식 정보방 관리병으로
한 공간에서 통제 안 받고 자기에게 말거는 사람도 없어 마음이
편하다고 한다.

잠자는 건강 생활관에는 환자도 많고 유동병력도 많고 쓰레기
등 지저분하고 관리가 잘 안 되는 상태로 자신을 포함해 6명 정
도가 청소하며 관리한다고 한다. 주말에는 교회에 나간다고 한
다. OO 중대장이 자신의 마음을 이해해 주고 잘 대해 준다고 한
다.

사회에서부터 친구가 없어 혼자 있는 것이 편하다고 한다. 공
용식판이 지저분해 개인식판으로 사용했으면 좋겠다고 한다. 밥
먹다 보면 위생상 좋지 않고 잠잘 때도 누군가 코골면 서너 번씩
깨어나 항상 마스크를 착용하고 생활한다고 한다.

〈상담자 소견〉

상담자와 편하게 많은 대화를 나누었고, 상담실에 올 때도 마
스크를 착용하는 등 위생에 매우 신경을 많이 쓰는 편이었다. 1
회기 상담 때보다 다소 안정적으로 현 보직에 만족하며 생활하
고 있었으며, OO 중대장이 그동안 잘 관리해 주고 있었다. 아직

도 대인관계 형성이 어렵고 혼자 생활이 익숙해 보여 군생활을
다소 이해하며 생활할 것을 당부해 주었다.

◈ 3회기 (2.25. 10:00~11:00)

비전캠프 기간에 상담하였으며, 아직도 군생활하면서 다른 동
료들과 생활하기 어려워하며, 그동안 혼자 생활하는 것에 익숙
하고, 향후 OO 부대가 전방 GOP에서 임무수행하면 오히려 자신
은 더 좋다고 한다. 이유를 물으니 "전방엔 개인침대와 시설이
깨끗하고 좋아서"라고 말하는 내담자의 얼굴표정이 지난번보다
다소 밝아 보인다.

해당부대 지휘관과 협조하여 전방근무엔 부적합한데, 내담자
는 전방근무를 선호하니 논의해서 조치해 주어야 할 거 같다. 현
재도 상담은 진행 중으로 지속적인 관심으로 상담하고 변화하도
록 해야 할 거 같다.

* 추수상담

몇 차례에 걸쳐 내담자를 만나고 관찰해 본 결과 점차 적응해
가고 있었고 얼마 후 부대가 전방 GOP 임무수행을 하였는데

OOO 병사도 어렵지만 자신이 전방근무를 희망해 잘 적응하고 있다고 한다. 그곳에서는 취사장에서 취사보조 일을 하고 있다고 한다. 가끔 부대에 들러 "OO이 잘 있었어? 요즘 어떻게 지내? 표정이 밝고 잘 하는 것 같은데, 힘들지 않아? 이제 상병 진급했네, 축하해, 파이팅!!" 하며 가볍게 인사하고 격려해 주었다.

최근에 중대장, 간부들에게 어떻게 생활하냐고 물어보면 이제 모범병사로 정말 잘하고 있다고 한다. 너무나 뿌듯하고 감사했다. OO이는 내가 군전문상담관으로 근무하면서 가장 보람을 느꼈던 병사 중에 한 명이었다.

그곳에서 전문상담관을 마치고 OO이를 포함하여 병사들과 정들었던 간부들과 함께 송별사진을 찍었다. 우리들은 헤어짐이 아쉬워 눈물이 나기도 했다. 부대를 빠져나오며 차 안에서도 손을 흔들어 작별을 고했다. 최전방을 뒤로 하고 민통선을 빠져나올 때 기쁨과 아쉬운 마음이 교차하고 있었다.

네 번째,
병영상담 스토리 3

16. "군생활 못하겠어요!"

다음은 병영상담의 생생한 실제사례들을 실은 것이다.

"군생활 못하겠어요, 미쳐버릴 것 같아요" (G 이병)

현재 심정이 "죽어버리고 싶다", "누구하고도 말하고 싶지 않다", "아무것에도 관심 없다" "하는 것마다 짜증이 난다", "모든 것이 불만이다" 라고 말하는 G이병.

상대방이 뭐라고 대구하면 금방이라도 폭발할 것만 같다. 가정적으로는 문제가 없고, 친구관계에서도 큰 문제는 보이지 않으나, 대학실패(삼수)로 인한 우울, 좌절, 실패감으로 혼자 있는 시간들이 많고 대인관계에 있어서 사람들과 아예 말하고 싶지 않고 피하고만 싶다고 한다.

"누가 뭐라고 하면 짜증이 나고 스트레스 받는다", "나를 가만히 놔두면 좋겠다", "자살방법도 많이 생각하게 된다", "불면증이 심하고 잠잘 때마다 짜증이 난다", "마음이 안정이 안 되고 이전보다 나아지지 않고 있다", "입대 전에도 부모님에게 짜증부리고 물건 깨부순 적이 있다", "군대 통제속에서 살고 싶지 않고

아무하고도 이야기하고 싶지 않다"는 등 부정적인 말들만 쏟아
낸다.

> **조치** : 중대장에게 통보해 안전한 환경을 마련하게 함. 정신과
> 진료도 (군병원 OO 정신과) 받게 해 안정과 보호가 필요
> 함. 필요시 캠프 입소 권유하고 현역 부적합도 고려해
> 보도록 함

"자살한 여동생에게 미안한 마음에 너무 힘들어요"(H이병)

H이병은 대학 재학 중 군에 입대한 병사로 중학교 3학년까지
는 내성적인 성격이었으나, 고 1년 때부터 점점 외향적으로 바뀌
어 반장도 하고 검도 2급 단증도 따게 되었다. 하지만 학업불안
과 고민으로 자살시도 경험이 있었고 심리상담센터에서 심리치
료 경험(2~3회)도 있었다.

또한 오빠로서 여동생의 자살을 막지 못했다는 죄책감이 컸
다. 동생의 장례를 치르면서 장남으로서 부모님에게 약한 모습
보이기 싫어 눈물을 흘리지 않았다고 한다.

상담을 하면서 그동안 간부들에게도 여동생에 대한 이야기를

꺼내지 못했고, 자신도 말하고 싶지 않았다고 한다. 충분한 애도의 시간이 필요했는데 그러지 못해 상담 중 많은 눈물을 보였다. 동생에게 하고 싶은 말을 해보라고 하니 "오빠로서 해준 게 없고 지켜주지 못해 미안하다"고 한다. 동생과의 추억이 꿈으로도 나타난다고 한다.

이후 자살유가족으로서 충분한 애도감정을 다루고 카타르시스를 느끼게 해주었다. 불면증을 자주 호소하며 우울하고 슬픔이 있는데도 참는다고 한다. 앞으로 자신은 동생처럼 자살하지 않겠다고 한다. 휴가시 여동생의 납골당에 찾아가 충분히 슬퍼하고, 하고 싶은 말을 하라고 했다. 애도기간을 거치고 현실로 돌아와서 군생활 잘하는 것이 동생에게 떳떳한 오빠가 되는 것임을 알려주었다.

"여자 친구와 결별해 너무나 후회되고 힘들어요" (일병)

별거 아닌 것 같지만 군에서 여자 친구와 헤어짐에 마음 아프고 힘들어 하는 병사들을 종종 만나게 된다. 여자 친구들이 입대전에는 하늘이 두쪽이 나도 헤어지지 말자고 약속해 놓고는 군대 가니 고무신을 거꾸로 신는다. 그것도 이등병 때는 그런대로 사귀다가 일병이나 상병이 되면 헤어지는 경우를 자주 본다. "여성들이여! 국가를 생각하고 국가안보를 위해서라도 남자 친구가 군대 복무하는 동안 헤어지지 않았으면 합니다"

필자가 상담했던 I일병도 여자 친구와의 헤어짐에 군생활을 힘들어 했다. 그는 최초에 소총수였는데 이후 행정병으로 보직을 변경했다. 여자 친구는 당시 만난 지 500일째라고 했다. 요즘 젊은이들은 교제한 시간을 '만난 지 며칠'이라고 하니 언뜻 계산이 잘 안 됐다.

헤어진 원인은 의견충돌이 일어나 싸우고 서로 헤어지자고 말해서 완전 결별하게 됐다고 한다.

그런데 지금은 너무나 후회되고 헤어진 것이 너무 아쉬워 군생활이 힘들다고 한다. 군대 오기 전에는 자주 만날 수 있어 관계를 돈독히 했는데, 지금은 군대 여건상 자주 만나지도 못하고 하다 보니 서로 짜증나고 의견충돌이 생긴 것이라고 한다. 군대만 아니었더라면 좋았을 걸 한다. 그렇다고 새로운 남자가 생긴 것도 아니라 한다. 그래서 그의 마음을 풀어주기 위해 위로하고 공감하고 경청해 주었다.

현재 그의 상태는 잠도 잘 안 오고 마음이 답답하고 안 좋은 생각도 든다고 한다. 즉 이런 일이 있기 전에는 자살하고 싶은 생각이 전혀 이해가 가지 않았는데 지금은 이해가 간다고 한다. 괴로움에서 벗어나기 위해 다시 시작하고 싶다고 한다. 자신은 그녀와 완전결별한 것은 아닌 것 같은데 현재 여자 친구가 자신을 싫어하는 것 같다고 한다.

그래서 이 병사의 자원과 장점을 파악해 보니, 이 병사는 잘 생기고 다부져 보였고, 가정적으로 화목하며 지방 대학 환경화학공학과 재학 중에 입대했는데 공부도 잘했으며 중·고 학창시절 반장, 부반장도 도맡아 하며 장학금도 받곤 했다고 한다.

미래의 꿈도 있고 능력 있는 젊은이였다. 그런데 이런 젊은이가 여자 친구와의 헤어짐에 절망하고 삶을 포기하고 싶은 생각까지 하게 된 것이다. 입대 전에 여자 친구는 부모님들도 좋아했고 가끔 놀러와 가족과도 같이 항상 자신 옆에 있어 주고, 군대 입대할 때도 응원해 주던 친구라고 한다. 그래서 그동안 자신이 군생활 힘들더라고 버틸 수 있었던 힘과 에너지였다고 한다.

그런데 헤어짐이라니, 밥맛도 잃고 너무 힘들어 화장실에 혼자 앉아 '차라리 죽어버릴까?' 하며 이런 현실을 받아들이고 싶지 않았다고 한다.

소대장, 중대장 행정보급관과 상담했지만 위로도, 도움도 되지 않았다고 한다. 일도 손에 잡히지 않는다고 한다.

이런 병사에게 어떻게 전문적 상담을 해주어야 하나? 결국 사연을 들은 필자는 현재 힘들고 일도 손에 잡히지 않는 그 마음을 먼저 안정시켜주는 것이 급선무라고 판단했다.

그래서 일단 부대에서 분리해 의무대로 보내기로 했다. 지휘관에게 현재 병사의 어려운 심정을 전하고 의무대에서 며칠 휴식을 취하게 하고 며칠 후에 필자가 그곳을 방문하여 다시금 상담을 갖겠다고 했다. 1회기에는 이런 힘든 심정을 끝까지 들어주는 것이 상담의 전부였다.

2회기에는 약속한 대로 필자가 의무대로 찾아갔다. I일병은 처음보다 얼굴표정이 많이 안정되어 있었다. 나를 반기는 모습이었다. 첫 회기에 진심어린 마음으로 공감하고 경청만 해주었는데 이렇게 안정되게 라포가 형성되었나 싶어 놀랍기만 했다.

자칫 간부들은 여자 친구와 헤어진 병사들에게 조언, 충고식으로 접근하기 쉽다. 병사의 현재 힘든 심정은 듣지도 않은 채 "여자들은 다 그래, 힘내, 뭐 그런걸 가지고 그러냐, 다 잊어, 내일이면 좋아질 거야" 뭐 이런 식이다. 그러니 당연히 내담자에게 도움이 안 되고 화만 더 나고 간부에 대한 믿음을 갖지 못하게 되는 것이다.

의무대에서 편한 마음으로 상담을 진행했다. 우선 "여기 와서 며칠 있으니까 좀 기분이 어때?", "지금은 여자 친구에 대해 어떤 생각이 들어?" 등 현재의 심정을 물으니 "마음이 많이 안정되고 좀 편해졌다"고 한다.

"그래, 다행이다. 00이가 내가 보기에 입대 전엔 대학교에서 공부도 잘 했고 잘 생기고 성실했고 화목한 가정에서 살고 여자 친구와도 좋은 관계였는데⋯. 좀 아쉽지만 여자 친구와의 관계는 00이가 말한 대로 완전 결별한 것 같지는 않아. 직접 만나지도 못하고 전화상으로 의견충돌 일으키고 싸우고 헤어지자고 했지만 그래도 희망을 가지고 다시 좋은 관계가 되었으면 해"라고 하자 "자신이 최근 스트레스를 많이 받아 여자 친구에게 막말을 하고 심하게 한 것 같다"며 자신에게도 잘못이 있다고 한다.

그러면 현재 군에서 스트레스 받는 요인은 무엇인지에 대해 물으니 행정병으로 근무하면서 간부와의 갈등, 업무 스트레스 등이 가중되었다고 한다. 이 문제도 이 병사에겐 큰 문제로 작용했을 것이다. 그래서 업무 조정, 재보직 등 병사가 원하는 것을 듣고 간부와 협조해 보겠다고 하니 "그렇게 해주시면 잘 할 수 있다"고 한다. 그리고 여자 친구에 대해 마음의 편지를 적어서 OO이의 솔직한 심정과 이러한 군 스트레스 영향으로 여자 친구에게 막말하고 짜증내고 해서 미안하다는 심정을 적어 보내라고 했다.

그러자 OOO 일병은 의무대에 있으면서 차분하게 진심어린 글을 써서 편지를 보내겠다고 한다. 너무 급하게 마음먹지 말고 장시간 동안 편지 보내고 휴가 나가서 만나고 하면 다시 좋은 관계가 될 수도 있으니 희망을 가지고 우선 군생활 잘하는 것이 중요함을 인식시켜 주었다.

......

그리고 얼마 후 OO이는 본인이 원하던 중대 행정병으로 보직을 옮기게 되었고 필자는 그곳에서 다시 그를 만났다. 얼굴이 많이 밝아져 있었다. 최초 간부와 갈등이 있었던 부서에서 이곳으로 와서 원하던 근무를 하니 적응이 잘 되어가고 있었다. 여자 친구와의 관계도 아직 좋아진 것은 아니지만 본인이 긍정적인 생각으로 많이 바뀌어 있었다.

손을 잡아주고 반갑게 맞아주었다. 그도 밝게 웃으면서 겸연쩍어 했다. 인접한 곳에 다른 병사들도 있어 조용히 "힘내! 잘 될 거야. 이곳에서도 잘 해내, 파이팅!"이라고 용기를 북돋아 주었다.

    ······

이후 ○○이는 군생활을 안정적으로 잘 해냈고, 필자는 ○○이와 이제 같은 부대의 다른 부적응 병사를 상담하러 갔다. ○○이와 마주치자 내게 따뜻한 커피를 타가지고 와서 "상담관님, 정말 감사합니다"라고 한다. "응, 그래, ○○이가 타준 커피 맛있게 먹을게, 고마워" 하며 흐뭇하고 보람된 마음을 느낄 수 있었다.

마음속에 얽힌 실타래가 젊은 병사들 입장에서는 풀리지 않을 것만 같지만 제3자가 전문적인 입장에서 보면 풀릴 것 같지 않은 문제도 풀릴 수가 있다. 만일 풀지 않고 방치하면 더 힘들어지고 스트레스가 가중되어 마음의 실타래는 꽁꽁 더 질기게 매어져 언젠가는 끊어질 수도 있다. 실례로 어떤 병사들은 여자 친구의 변심에 자살을 선택하거나, 탈영해서 여자 친구를 해하는 등의 사건들도 일어났다.

"왜 사격을 하고 적을 죽여야 하는지 모르겠어요"(J일병)

J일병의 가족관계를 보면 목사님인 아버지와 어머니, 그리고 위로 누나 두 명이 있고 자신이 막내다. 고등학교 때 불량배들에게 폭행을 당한 후로 우울증세가 남아 있다. 사소한 일을 잘 못참아 대인관계가 그리 좋은 편이 아니다. 사소한 일에 감정기복이 심하고 쉽게 우울해지고 짜증을 내곤 한다.

독실한 크리스천 집안에서 J일병 역시 신앙이 강하지만 매사를 부정적으로 보는 비판적 성향도 가지고 있다. 마음속은 늘 우울하고 자살하고 싶은 충동도 든다고 한다. 구체적으로 '왜 이런 세상에 살아야 할까?', '왜 이렇게 치열하게 살아야 할까?', '죽으면 누가 나를 위해 울어줄까?', '내 장례식에 몇 명이나 찾아올까?' 하는 등의 생각들이 많이 든다고 한다.

고등학교 때 처음으로 자살하고 싶은 생각이 들었지만 기독교인이기에 마음을 돌렸다고 한다. 군에서는 주말에 종교행사가 보장되어 있어 주말이 기다려지고 기도하면 컨디션이 좋아진다고 한다. 그래서 교회에 간다고 한다.

아쉽게도 자기 부대 내에는 현재 기독교인이 없다고 한다. 부대 내에서 친구는 많은 것 같은데 깊게 사귄 친구가 없어 외롭다고 한다. 마음을 터놓고 이야기할 사람이 없고 뒤쫓기는 기분이라고 한다.

얼마 전 공용화기 포사격을 했는데 많은 사람을 죽이는 살상무기를 가지고 주변 간부와 병사들은 "명중"이라고 하는데 자신은 오히려 그것이 불쾌했다고 한다. "왜 사람을 죽이기 위해 사격을 해야 하는지 이해가 되지 않고 괴롭다"고 말한다.

'사격훈련 및 교육훈련을 왜 열심히 해야 하지? 사람을 죽여야 하는 것인데…', '내가 이상한 것도 같고 휴가 나가서 정신과 병원이라도 가볼까?' 라는 생각도 해보았다고 한다. 군대에서 교육훈련 암기사항도 하고 싶지 않아 한다. 사회 나가서 써먹지도 못해서라고 한다. 수첩에 영어단어 등을 기록하고 거의 다 외웠다고 한다. 일병이라 후임병인 이등병들에게도 가르쳐야 하는데 가르치기도 싫은 상태다.

이런 J일병을 어떻게 상담해야 할까? 한마디로 "어렵다"이다. J일병은 말하는 것을 매우 좋아하고 장래 아버지처럼 목회자의 길을 걷고 싶어 한다. 기독교적 지식도 상담관보다 많아 신앙적인 어려움이 있을 때는 다른 전문가의 도움이 필요할 때도 있다.

그래서 군종목사에게 상담취임을 했다. 군종목사님 차원에서

이 병사를 상담해 주어 군생활 적응 잘 돕고 싶어서였다. 'J일병을 군종병을 시키면 어떨까?' 하는 생각도 들었다. 물론 최종결정은 군종참모가 할 것이지만 말이다. 이후에 J일병은 군종참모와 다시 상담을 했지만 "군종병은 지금으로선 어렵다"는 말과 함께 기대한 것에 비해 소기의 성과를 거두지 못했다.

어쨌든 J일병은 누구하고 대화할 상대가 없어서인지, 나와 상담할 때는 장시간 많은 이야기를 쏟아냈다. 잘 들어주고 공감해 주는 것이 상담의 전부라고 해도 과언이 아님을 느꼈다. 그도 시간이 부족할 정도로 한두 시간 내내 마음속 이야기들을 마구 털어놓았다.

이후 몇 차례 다시 상담이 진행되었고, 적과 대치하고 있는 우리 대한민국의 안보현실에 대해 설명해 주고 사람을 죽일 수도 있는 군대 훈련이지만 우리 민족을 보호하고 지키기 위해서 준비해야 함을 인식시키고 힘들지만 군생활을 잘 해야 한다는 것과 "만일 포기한다면 앞으로 많은 사람들 앞에서 어떻게 지도자로 이끌어 갈 수 있겠는가?" 하고 반문하며 스스로 통찰(Insight)할 수 있도록 도와주었다.

이런 여러 상담의 효과였을까? 이후 J일병은 상병으로 진급하였고 아주 모범적인 군생활은 아니지만 나름 군생활을 잘하고 있었다. 가끔 그 부대에 가게 돼 그를 만나 보면 이전보다 많이 밝아졌고 의젓해진 모습을 볼 수 있었다.

간혹 독실한 기독교 집안 출신의 병사나 목회자의 길을 가고자 하는 병사들을 상담하게 된다. 이름 자체가 성경에 있는 이름 요셉, 모세 등등의 병사들을 만나면 군에서 잘 적응하는 병사들도 있지만 아버지가 목사님이면 그 아들로서 주변사람들의 시선을 더욱 신경쓰게 되고, 모범적으로 잘해야 한다는 압박감과 스트레스를 더 받는 것을 보게 된다. 어린 시절 형성된 '목사님 아들'이라는 '페르조나'로 인해 성장과정에서 힘든 점들이 많았음을 이해할 수 있었다.

그들이 군에서 주변 동료들에게 놀림이나 따돌림을 받을 때 상담자로서 그런 점을 이해해 주고 공감해 주면 마음 편하게 자신의 속마음을 털어내곤 한다.

"지금 하루하루가 괴롭습니다"(K이병)

K이병은 인생을 '절망'이라 표현했다. 일곱 살 때부터 어머니와 별거하였고 스무살 때 부모가 이혼했다. 입대 전 사귀던 여자

친구와도 헤어졌다고 한다. 어머니에 대해선 원망을 많이 했지만 지금은 무덤덤한 느낌이라고 한다.

아버지는 현재도 많이 밉고 원망스러운 상태지만 군에 와서는 고마움도 느껴지고 나중에 모시고 싶은 마음도 있다고 한다. 일명 '양가감정'(한 명의 대상에게 동시에 가지는 긍정적이고 부정적인 감정상태—편집자 주)의 상태다.

현재 지방 국립대 재학 중으로 학자금 대출을 받았다고 한다. 아버지는 신용불량자로 K이병 앞으로 빚이 0천만 원 정도 떠밀려 있고 이에 대한 부담감과 절망감으로 고등학교 때부터 자살 생각이 많았다고 한다. 빚 독촉도 많아 괴로웠고 삶이 힘들어서 여러 방법으로 자살기도도 했다고 하고 실제 자살시도(높은 곳에서 뛰어내림)가 있었다.

지금으로선 아버지도 어쩔 수 없고 해결능력도 되지 않고—아버지는 현재 노동일을 하며 하루하루 먹고 산다—정들었던 할머니도 돌아가시고, 지금은 "하루하루가 괴롭다", "정말 죽고 싶다", "빨리 사회로 나갈 수만 있다면 얼른 돈을 벌고 싶다"고 한다. 또 며칠 전부터는 돌아가신 할머니가 보고 싶고 할머니 곁으로 가고 싶다고 하는 등 '자살 고위험군' 증상을 보이고 있다. 다음은 그가 요즘 꾼 악몽들이다.

> –인질로 잡혀서 못나오는 꿈
> –장롱에 시체들이 들어 있는 꿈
> –다리 없는 시체가 물에 둥둥 떠다니는 꿈

매일 새벽 2시에서 4시 사이에 잠에서 깨어나고 일어나면 몹시 피곤하다고 한다. 최근에도 '화장실에 있는 도구들로 자살을 할까?' 하고 자살생각을 구체화하는 등 매우 자살에 위험한 병사로 보였다.

하지만 "여기 군에서는 죽지 못할 것 같다"며 "사람들이 감시하고 짜증나고 답답하고 항상 누구랑 같이 가고 감시당하니 기분도 나쁘고 스트레스 받는다"고 한다. 그래서 "그것은 이 세상 천하에 생명만큼 귀중한 것이 없기 때문에 OO를 지켜주기 위해 그렇다"고 이해시켜 주었다.

이런 병사는 자살에 위험하고 군에서도 특별관리하게 된다. 그동안 전문적으로 군 병원 정신과 진료도 의뢰하고 적응을 잘하도록 비전캠프에도 입소시켜 전문가들에 의해 집중상담도 받게 하는 등 변화를 위한 많은 노력들을 기울여 보았다.

그랬는데도 여전히 군생활 적응도 어려워하고 여전히 자살위험에 노출되어 있어 요즘에는 24시간 여러 명이 다른 업무도 못한 채 00를 감시하며 항상 같이 다녀야 한다. 결국 군의 전투력 손해를 가져오게 된다. 이렇듯 자살에 위험한 병사, 부적응병사들은 현역생활이 부적합함을 심의의결해서 군생활을 하지 못하게 하고 사회로 환원시킨다.

이 병사도 끝까지 적응을 시켜보려고 전문상담관, 군종참모, 지휘관 등 많은 사람들이 노력했지만 여전히 어려움이 많아 부적합 심의를 건의하게 되었다. 결국은 부적합으로 판정되어 현역생활을 하지 못하고 사회로 돌아갔다. 사회에 나가 못다 한 군생활에 대해 공익근무요원 등으로 보충하게 된다.

현역 군생활을 못하고 불명예스럽게 부적합 판정을 받고 나가면 사회에서 공무원, 국영기업체 등의 취업시 불리하게 작용될수도 있다. 그래서 왠만하면 어려운 군생활이지만 잘 적응하고 명예롭게 전역해야 할 것이다. 그러나 K이병처럼 도저히 군생활이 어렵고 자살위험이 있다면 현역부적합으로 갈 수밖에 없는경우도 있다. K이병이 사회에서 정신적인 문제를 잘 치료해 잘 적응하기를 바랄뿐이다.

"애들에게 따돌림 당해 군생활 못하겠어요"(L이병)

학생들에게 왕따, 따돌림이 있지만 군에서도 어눌하고 동작이 느리고 잘 적응을 못하면 집단 따돌림을 당하는 경우가 있다. L이병이 그랬다. 대부분의 전문상담관들은 해당 부대 지휘관 등 간부들의 요청에 따라 상담을 하게 되지만 L이병은 필자가 방문한 부대에서 관찰되어 상담을 시작하게 된 케이스다.

OO 부대 행정반에 들어서니 겉으로도 어눌해 보이고 경직되어 있던 L이병. 모습이 너무 어눌하고 답답할 정도로 동작이 느리면 선임병들에게 구타당하거나 욕설을 듣게 된다. 일명 '구타 유발자'라고 불린다.

L이병 역시 선임병인 OO 상병에게 동작이 느리고 빨래도 잘하지 못한다 하여 발로 차이는 등 구타를 당해 가해자 OO 상병은 징계를 받게 되고 L이병은 부대를 옮겨 지금의 부대에서 근무하게 된 것이었다.

워낙 적응을 잘 하지 못하니 중대장이 옆에 두고 특별관리하고 있었다. 일명 사회로 말하면 중대장 비서역할이었다. 중대장

업무보조, 심부름 등 아주 쉬운 단순업무 위주로 하고 있었다.

L이병의 가족구조를 살펴보면 아버지는 정신지체장애자에 어머니는 정신장애 3급을 진단받은 상태다. 아버지는 현재 허리를 잘 못펴고 불편한 몸(일명 곱사등)으로 거동이 힘들다고 한다. 누나는 지방 대학 특수교육학과를 졸업하고 현재 장애인들을 위한 특수학교 교사로 재직 중이다.

L이병은 어린 시절부터 집안이 어려웠고 지금은 기초생활보호대상자로 정부의 혜택을 받고 있다고 한다. 중학교 3학년 때 삶이 힘들어 자살생각을 처음으로 했다고 한다. 입대 전 착실하여 아르바이트를 열심히 해 돈도 꽤 모았다고 한다.

하지만 L이병은 최초 상담시간에 "군생활 적응이 너무 어렵다"고 토로한다. 행동이 어눌하고 동작이 느려 놀림을 받고 따돌림을 당한다고 한다. 전화도 잘 받지 못해 선임병에게 혼나고 힘들다고 한다. 본 상담관에게도 한동안 군생활이 힘들 때면 군내 공중전화를 이용하여 전화를 자주 해 왔다. 의지할 사람이 없어 자신의 힘든 사연을 상담관에게 도움 받고 싶은 거였다.

그가 가진 현재의 욕구는 '군생활 못하겠으니 제발 사회로 나가는 방법 좀 알려달라는 것'이다. 부모가 어려운 상태이고 가정이 생활보호대상인데 의가사 전역—가정형편이 어렵고 부모가 생계를 꾸려가기 어려워 외아들인 본인이 가사를 책임질 수밖에 없을 때 전역할 수 있다—을 희망하였다. 그래서 알아보니 누나가 능력이 되고 부모를 돌볼 수 있다고 판단되어 어렵다는 결론이 나왔다.

의가사 전역도 가정방문 등 현지실사를 거쳐야 가능하기에 되도록 입대 전에 그런 제도를 확인하고 신청해봐야 한다. 내가 보기에도 현역으로 군생활하기엔 많은 어려움이 있는 병사였다. 심리검사를 통해 분석해 볼 때 우울증상과 불안, 초조가 동반되어 있었다. 틈날 때마다 자신의 손톱과 피부를 뜯어낼 정도로 심한 불안증세가 있었다.

힘들 때마다 상담요청 전화가 오면 어려움을 들어주고 격려를 해주지만 딱히 특별한 방법은 없었다. "내가 군생활 대신해 줄 수 있는 것이 아니고 어차피 L이병이 적응하고 헤쳐나가야 하는 것이니 잘 적응하고 힘들지만 이겨나가야 한다"고 직면시켜 주었다.

그래도 일명 "시계바늘이 거꾸로 돌아가도 국방부 시계는 돌아간다"고 했던가, 시간이 지나 L이병은 어느새 일병에서 상병까지 진급을 하였다. 상병이면 마음을 놓을 수 있는 계급이다.

전에 내가 지휘관할 때는 이병, 일병, 상병, 병장 각각의 어려움에 대해 잘 몰랐다. 상담관을 하면서야 주로 힘든 계급이 이병과 일병임을 깨달았다. 상담관의 주요고객(?)이 이병 다음으로 일병이다. 이병에서 일병만 달아도 내담자가 적응하는데 안심이 되었고 상병이면 더욱 마음이 놓이게 된다.

그런데 L이병은 상병을 달고서도 상담을 계속해야 했다. 이제 어느 정도 고참이 되었고 후임병들이 더 많아지는데 왜 적응을 못하는지, 의아했지만 알고 보니 후임병이 선임 대접을 안 해 준다는 것이었다. 후임병이 자신을 잘 안 따라준다고 욕설하고 소란을 피워 불협화음이 생기고 선임병들은 자신을 여전히 놀리는 등 일명 '물상병' 대접을 받는다는 거였다.

계속 상담관에게 도움을 받아야 된다고 생각하니 해당부대 간부들이나 동료들도 역시 힘들겠구나 하는 생각이 들었다. 그래도 지금 L상병은 병장을 향해 어렵지만 조금씩조금씩 열심히 군생활을 하고 있다.

L상병에게 "정말 이젠 끝까지 버티고 이겨내어 병장으로 명예롭게 전역하자! 너의 목표이자 상담관의 목표이니 전역하면 너

도 눈물이 나겠지만 상담관인 나도 감동의 눈물이 날 것 같다"고
말했다. 그래도 힘겹게 군생활 해내고 있는 그에게 힘찬 박수를
보낸다. "꼭 그날을 위해 노력하자, L상병 파이팅!"

"미국에서 결혼해 딸도 있는 나이 많은 병사에요"(M이병, 32세)

M이병은 미국에서 대학교에 다니다 중퇴하고 군에 입대한 케
이스다. 미국 영주권이 있어 미군으로 복무할 줄 알았다고 한다.
2003년에 지금의 아내를 만났고 2007년 결혼하여 딸이 세 살이
다. 아버지는 체인점을 운영하고 어머니는 유방암 말기로 치료
중에 있다. 현재 32세로 동료들에 비해 10년 이상 나이 차이가
난다. 본인의 장래희망은 중국과 인도네시아에서 무역업이나 레
스토랑을 경영하는 것이라고 한다.

입대 전 여러 사람 앞에서 두려움과 공포감을 느끼는 공황장
애가 있었고 우울증이 있어 1년 넘게 약물을 복용한 경험이 있
다고 한다. 일주일에 세 번 정도는 심장이 몹시 떨려서 혼자 있어
야 한다고 한다. 군에 입대하면서 훈련소 입소대대에서 적응이
너무 어려워 죽고 싶은 생각이 들었다고 한다.

한국에서 중학교 1학년까지 공부하다가 미국으로 건너갔다.

본인의 희망은 자대에서 빨리 적응해 안정적으로 근무하는 것이다. 미국에 거주하는 아내와 딸이 많이 보고 싶고 걱정이 된다고 한다. 현재 우울증상에 대해 한국형우울증검사(K-BDI)로 진단해 보니 32점으로 다소 높게 나왔다.

나이가 많은 병사들은 처음에 어린 선임병들이 시키는 일에 자존심 상하고 스트레스를 많이 받게 된다. 그래서 OO이에게 그런 관계에 대해 이해시키고 군은 계급사회이므로 선임병 말 잘 듣고 잘 따르도록 조언하고 필요하다면 일과 후에 영어를 공부하고자 하는 동료들에게 도움을 주면 그들과 친밀해지는 계기가 될 것이라고 말해 주었다.

따라서 해당 간부에게 이런 장점을 잘 살릴 수 있도록 지원을 부탁하고 멀리 미국에 있는 아내와 딸에게 화상면회를 할 수 있도록 건의했다. 간부는 그렇게 조치해 주겠다고 하였고, 많은 사람들과의 관계개선을 위해 두려움과 공포를 줄이고 잘 적응할 수 있도록 행동치료 기법을 적용시켜 주었다.

처음에는 친한 동기생들과 관계를 갖고 점차 다른 인원들과 관계를 가지며 많은 인원들 앞에서 대화하고 발표해보는 연습을 숙제로 주어 주차별로 행동화하도록 했다. 점증적 과제를 부여해 차츰 많은 인원 앞에서도 두렵거나 공포심을 느끼지 않도록 하는 것이었다. 행동수정 기법인 '체계적둔감법'(Systematic Desensitization)과 점진적 과제를 부과한 후로 M이병은 점차 잘 적응해 나가고 있다.

이후 M이병은 휴가도 나가고 있다. 진급도 하고 안정적으로 적응해 나갔다. 이후에 만났을 때 나는 "○○이는 미국에서 오래 거주했고 나이도 많고 결혼해 딸까지 있으니 우리 대한민국의 분단된 현실을 이곳 최전방 철책선에서 느껴보는 것도 좋은 기회가 될 거"라고 격려해 주었다.

이런 군 경험들을 글로 정리해서 국방일보에 투고해볼 것도 권유했다. 군에서 처음엔 적응이 어려워 힘들었지만 점차 적응하는 과정을 글로서 남겨 좋은 경험이 되었으면 하는 생각에서였다.

상담을 마치고 서울로 돌아오니 한 통의 전화가 왔다. M일병이었다. "잘 적응하고 있다"며 고마움을 표현했다. "상담관님 말씀대로 그동안의 군생활 경험기를 글로 정리해 신문에 투고할 예정"이라고 했다. 그동안 이러한 정보를 제공하며 목표부여했던 것에 대해 ○○이는 약속을 잘 지켜주었다. 무척 흐뭇하고 고마웠다. 잘 해낼 것이라 기대한다. "M일병 파이팅!"

"PX병 업무가 너무 힘들어요"(O일병)

PX에는 두 명의 관리병이 있고 간부격인 관리관의 통제를 받아 장병들에게 물품을 팔고 결산을 하는 업무를 하고 있다. 힘든 훈련을 하는 병사들이 늘 부러워하는 곳이다.

> ※ PX(Post Exchange): 미국 군대 내에서 군인과 허가된 인원에게 식품이나 일용품 등을 판매하고 있는 매점. 대체로 면세된 가격으로 물품을 판매하는 군대의 한 봉사기관이며 한국군에서는 매점 또는 그대로 PX라고 하고 있다. 미국군의 PX는 세계 도처의 미군 주둔지역에 산재해 있으며 일반적으로 수퍼마켓 같은 형식으로 만들어져 있다.
>
> —출처 : 네이버 지식사전

O일병은 조용한 성격으로 마음이 여리고 눈물이 많으며 내성적인 성향이다. PX에서 관리관으로부터 잦은 질책을 받아 힘들어 하고 있었다. 선임병과의 대화도 어렵고 힘들어 했다.

미술치료인 HTP검사(house, tree, person: 그림을 그려 사람의 심리적 상태를 투사하여 알아보는 검사)를 실시해 보았다. 그림을 보니 나무는 휘어져 있었고 뒤에 그림자가 있고, 군인이 앉아서 고민하는 모습이었다.

집은 2층집으로 대문이 잠겨져 있고 모든 문들이 꼭꼭 잠겨져 있었다. 결과적으로 본인의 최근 심정이 대인관계를 하고 싶지 않고 고민이 많고 답답함을 표현한 것 같았다. 그런 힘든 마음을 울기만 할 뿐 제대로 말을 하지 못했다. 그럴 때는 실컷 울게 해 카타르시스(정화작용)를 일으킬 필요가 있다.

감정을 추스르게 한 뒤 힘든 사연을 들어 보니 업무에 부담을 많이 느끼고 "하루하루가 끌려다니는 것 같다"고 한다. 스트레스가 가중되고 불면증도 있어 일시적으로 그곳 환경과 단절시키기 위해 부적응자 변화프로그램인 비전캠프 입소를 권유했다.

비전캠프는 전문가들로 구성된 강사들이 심리적 안정과 교육 등 다양한 프로그램을 통해 변화를 유도하는 제도로 3주간 진행된다. O일병은 캠프에서는 다소 안정적으로 변화하는 모습을 보였으나 원상복귀한 뒤 다시금 적응이 쉽지 않았다. 관리관과의 관계증진이 여전히 쉽지 않고 한번 부정적으로 각인된 것은 오래남고 회복이 어려운 것 같았다.

이후 적응을 어려워하여 지휘관에게 건의해 타부대로 옮겨 근무하도록 조치해 주었다. 새로 옮긴 부대에서 맡은 보직은 전투부대를 지원하는 임무로 단순업무와 작업지원 등을 하게 됐는데 해당 부대 지휘관의 따스한 마음과 지도로 쉽게 적응할 수 있었다고 한다.

그 후 몇 차례 더 O일병을 만났는데 여전히 잘 적응하고 있었다. 전투부대 병사들은 PX병을 부러워할 테지만 모든 이가 다 잘 적응하는 것은 아니라는 것을 O일병을 보며 새삼 깨닫게 되었다. 사람과의 관계를 어떻게 맺고 적응하는지가 가장 중요한 문제이기 때문이다. 이후 O일병은 상병에서 병장까지 진급해서 지금껏 잘 근무하고 있다.

"늘 고독하고 외로워요" (P일병)

P일병은 최전방 격오지에서 근무하다 보니 힘들어 자살생각을 많이 했다고 한다. 기회를 엿보다가 많은 인원들이 바쁜 시기에 틈을 타 계곡으로 굴러 자살을 시도했다고 한다.

가족을 살펴보면 부모님은 본인이 6세 되던 해 이혼했고 위로 형과 누나가 있다. 과거의 자신에 대해 부정적으로 생각하고 미래에 대해서도 절망적으로 생각하고 있었다. 어린 시절 어머니에 대한 기억은 없고 형과 누나가 엄마 역할을 대신했다고 한다. 중학교 3학년 때 중국으로 유학을 가게 되었고 중국에서 1년 정도 생활했는데 외로움과 향수병에 한국으로 빨리 돌아가게 해달라고 애원했다고 한다.

늘 고독하고 외로운 마음에 혼자 생활하고 친구들과 잘 어울리지도 못하고 내성적인 성격으로 마음이 늘 우울하고 어둡고 비관적이었다고 한다. 간혹 아버지와 마찰이 생기면 더욱 죽고 싶은 생각이 들고 '살아서 뭐하나? 죽으면 아버지가 슬퍼나 하실까?' 라는 생각을 했다고 한다.

군에 와서도 적응이 잘 안 되고 웃음이 생기지 않고 짜증만 나고 힘들고 괴롭다고 한다. 자신의 그런 심정을 이해하지 못하고 선임병들은 비아냥거리고 혼내고 하여 살고 싶지 않다고 한다. 스스로 정신과 진료를 받고 싶어했다. 원하는 대로 군 병원 정신과에서 진료받도록 했다. 그래서 약물치료를 받았는데 효과도 없는 것 같고 군의관에게 실망이 크다고 한다.

잠이 들고 아침이 되면 눈을 뜨고 싶지 않고 '어떻게 죽을까?' 하는 다양한 방법이 머리에 가득찬다고 한다. 절망적이고 너무나 괴로워서 죽을 기회만 엿본다고 한다.

상담하면서 장황하게 여러 말들을 털어놓았는데 간부들은 이 병사에 대해 "의심스러운 면이 많고 진실성이 결여되어 있는 것 같다"며 "군에서 보통 말하는 '군 기피성'(병사들은 일명 '뺑끼 쓴다'라고 표현한다)이 보인다"고 했다.

"꾀병도 병이다"라는 말도 있기에 상담관 입장에서는 잘 들어 주고 그의 심정을 이해해 주어야 했다. 우선 심리적 안정이 필요할 거 같아 비전캠프에 입소시켜 집중적으로 상담했다. 캠프에서 다소 안정을 보이고 교육프로그램을 잘 받아들이고 3주간의 프로그램을 통해 많은 변화를 보였다.

캠프가 끝나고 원복하였는데, 이전보다 긍정적인 사고로 많이 변화돼 보였다. 차츰 적응이 되고 마음의 안정을 되찾기 시작했다고 한다. 몇 차례 더 만나 최근 군생활 적응여부를 확인하니 "다소 적응되고 할 만하다"고 한다.

이후 그가 상병이 되었을 때 다시 상담을 하게 되었다. 이제는 경계근무도 서고 어느 정도 잘 적응하는 모습이었다. 그러나 상병이고 어느 정도 군생활하다 보니 이제는 어느 순간 후임병들을 괴롭혀 문제가 발생하기 시작했다. 자신이 힘들 때를 생각하면 적응이 어려운 후임병들을 잘 도와주고 알려주어야 하는데 오히려 괴롭혀서 문제가 된 것이다.

그 당시 자신을 괴롭힌 선임병들에게 학습된 결과였을까? 시어머니에게 모질게 시집살이 당한 며느리가 나중에 똑같이 자신의 며느리를 시집살이 시키는 것과 같은 이치인지도 모른다. 이를 프로이드(Freud)는 '적대적 동일시'라고 표현했다.

아무튼 이런 문제로 P상병은 벌을 받고 타부대로 전출가게 되었다. 아쉬웠지만 타부대에서 잘 적응되는지 추적하여 계속 관리하였다. 그런데 새로운 부대에서 P상병은 의외로 잘 적응하였다. 시쳇말로 짬밥(군 경력)이 중요한 것 같았다. 상병 정도 되니 어디서든 잘 적응하는 것 같았고 이제 이곳 부대에서 동료들과 관계형성을 잘하며 다시는 그런 갈등으로 문제가 생기지 않도록 잘 생활할 것을 당부했다.

이후에 OOO가 생활 잘 하고 있다는 소식을 간부를 통해 들었다. 얼마 전 병장이 되었다고며…. 잘 전역해서 사회에 나가서도 원하는 일 잘 이루길 바랄 뿐이다. "P병장 파이팅!"

"말 더듬고 어눌하다고 늘 지적받아요"(R이병)

R이병은 통신병으로 군 전화를 송수신해야 하는 일을 하고 있

었다. 그런데 말소리가 명확치 않고 더듬거려 잦은 지적을 받았다. 선임병들이 잘 알려주어도 잊어버리곤 하여 00, 000 라는 소리를 들으며 실수할까봐 늘 두렵고 위축되어 있었다.

자신 스스로도 죄책감이 많이 들고 스스로 한심하다고 생각하며 '나 같은 건 죽어야 돼' 라는 생각이 자주 든다고 한다. 얼마 안 있으면 일병도 다는데 어쩌면 왕따, 따돌림을 당할 상황이다.

상담결과 자살위험병사로 판단되어 지휘관에게 알려주고 주의를 기울이고 잘 관찰할 것을 당부했다. 그러던 얼마 후 자신의 수첩 메모지에 '000로 자살해야 한다' 고 써 놓은 것을 선임병이 발견해 다시금 상담을 받게 되었다.

일을 잘 못하는 사실을 본인도 인정했다. "조금 있으면 일병인데 언제까지 실수할 거냐?"며 실수를 하게 되면 부담이 되어 더 안 된다고 한다. 현재 하고 있는 일에 부담과 스트레스가 가중되어 더 이상 근무가 어려울 것으로 판단되었다.

스스로는 100점 중 20점 정도로 표현했다. 혼자 있기를 좋아하고 혼자 화장실에서 눈물 흘리며 신세를 한탄한다고 한다. 이런 경황을 종합해 볼 때 매우 위험한 상태라 판단되어 지휘관에게 결과를 알려주고 보직을 조정해주고 특별관리해야 함을 조언

해 주었다

그래서 그렇게 조정되고 관리되었는데 며칠 뒤 부대로부터 R이병이 화장실에서 자살을 시도하려고 했다는 연락이 왔다. 다행이도 R이병이 화장실에서 좀 오래 있는 것 같아 눈치를 챈 선임병이 노크하고 열어 보아 자살시도가 실패했다고 한다. 참으로 다행이었다.

이후 R이병의 상태를 상급부대에 보고하였고 전방부대에서 현역으로 계속 근무하기에는 부적합하다고 판단되어 부적합병사 처리가 되었다. 부모에게 사실을 알리고 전문적으로 잘 치료되어야 할 것으로 판단된다.

"중국에서 오래 살아 적응하기가 힘들어요"(S이병)

부모의 이혼, 새어머니와의 생활, 중학교 1학년 때 중국유학, 부대 입대 후 한국문화 이해 부족에서 오는 동료들과의 괴리감, 부적응, 느린 동작으로 잦은 지적을 받는 S이병은 군생활 모든 것이 낯설기만 하다.

그런데다 아토피가 있어 가려워 잠도 제대로 못자고 체력이 약해 훈련하기가 힘들고 동작이 느려 지적받는 것이 싫어 미쳐

버릴 것 같다고 한다. "군의 모든 것이 스트레스입니다. 못하겠습니다. 자살은 용기가 없어서 못하겠습니다. 아버지 때문에라도 자살을 하지 않을 겁니다"라고 한다.

상담관으로서 이 병사에게 어떻게 군생활을 적응시키고 도와주어야 할지 막막했다. 두세 번 만나도 큰 변화 없이 여전히 힘들어했다. 주변 동료들에게는 이미 낙인이 찍혀 회복이 어려운 단계인 것 같았다. 여러 경향을 종합해 지휘관과 의논해서 유사한 주특기로 재보직해 주어야 할 것으로 판단됐다.

그렇게 새로운 환경에서 잘 적응하도록 유도해 주었는데 S이병은 거기에서도 역시 힘들어 했다. 그러다 그를 만났는데 어느새 얼굴표정이 긍정적으로 변해 있었다. 확인해 보니 선임병이 중국에서 공부하다 왔는데 자신에게 잘해준다는 것이었다. 대화를 많이 나눌 수 있는 좋은 선임을 만난 것이다. 정말 잘되었다고 격려해 주었다.

어쩌면 전문상담관보다도 또래(Peer) 상담병이 필요할 수도 있고 그가 좋은 멘토 역할을 해주면 뜻밖의 좋은 상담효과를 거둘 수 있다. S이병이 바로 그런 케이스다.

지금은 분대장도 자기에게 잘해주고 잘 적응하도록 도움을 주고 있다고 한다. 주특기도 어느 정도 해내고 있었고 새로운 것에 도전하려는 의지도 보였다. 심했던 아토피 피부염도 몰라보게 좋아진 상태였다. 사실 최전방의 맑은 공기와 좋은 물은 아토피 피부염에 좋다는 소문이 있다. 이런 행운도 따랐던 것이다.

나는 여러모로 참 잘되었다고 칭찬해 주었고 주특기도 노력해서 어느 정도 인정을 받고 있다니 잘 해내었다고 격려해 주었다. S이병의 아버지도 그동안 걱정을 많이 했는데 이제 안심된다며 좋아했다.

17. 강화 해병대 총기사고 심리적 분석

전역을 8개월 정도 남겨둔 강화 해병대 김모 상병이 총기난사 사건을 벌이며 잠시 잠잠하던 폐쇄적인 군대 병영문제가 다시금 세간을 떠들썩하게 만들었다. 장병심리 글을 마무리하는 시점에 벌어져 한편으론 충격이면서도 이러한 군대 내 문제를 일반 독자들에게도 알려 시정해 나가는 계기가 되었으면 한다.

다음은 총기난사 사건을 일으킨 김모 상병의 심리적 정황을 사건 직후 분석해 본 내용이다.

- 군 상담했던 경험으로 볼 때 청소년기(김 상병은 만 19세)
  에 인격적 모독이나 무시당하는 말을 참기 어려워 했을 것
  으로 보인다.
- 김 상병은 나이가 만 19세라 상병으로 후임병보다 나이가
  어릴 수 있으므로 선−후임간 갈등이 내재되어 있었을 가능
  성이 있다.
- 가정, 사회에서 성장과정 중에 분노, 공격 성향, 반항적 성향
  이 내재돼 있었을 수 있다.
  => 문제관심병사로 분류되었다면 전문상담관에게 상담의뢰
    가 필요했고, 총기, 탄약이 없는 곳으로 배치해 필요한 전
    문적 상담을 받게 할 필요가 있었다.

1. 김 상병은 사건 전 오전에 술을 마셨다. 영내에서 술을 마시
   는 것은 이해가 되지 않는다. 그것도 총기, 실탄이 배치된 해
   안초소에서…. 소대장, 부소대장이 교대로 근무해야 하는데
   군 기강에 문제가 있다.
   - 자살자도 행동하기 전에 술을 마시는 경우가 많은데, 김
   상병도 사건 전 술을 마셨다. 술은 그동안 통제되었던 감정

을 풀리게 하고 용기를 발동시킨다. 술은 '위험요인' 으로 당연히 통제가 되었어야 한다.

2. 기수열외는 동료들과 후임병에게까지 인정을 받지 못하고 군에서 일명 '고문관', '투명인간' 으로 불리며 '왕따, 따돌림' 당하는 것을 말한다. 특히 상병으로서 후임병들에게 인정을 받지 못하면 서러움과 분노가 내재되게 된다.

• 일부부대에서는 선임병 주동하에 특정 병사의 계급과 호봉을 인정해주지 않는 경우도 암암리에 있다. 특히 제 계급역할을 못하는 부적응자들은 '물상병' 존재로 취급받는다. 이들은 후임병이 선임대우를 안해 주고 그들에게 무엇을 시켜도 말을 듣지 않는다.

• 김 상병은 관심병사로 소대장의 주기적인 상담을 받아왔고, 사회 있을 때부터 성격적인 문제가 있었고, 부대에서도 동작이 느리고 적응이 어려워 단체생활에 어려움이 있는 부적응병사로 분류되어 있었다.

• 그렇다면 전문적인 상담을 위해 병영생활전문상담관에게 상담을 의뢰하고 보직조정 등 다른 조치를 취했어야 했다.

※ 전 군에 복무 중인 보호관심병사들은 약 2만여 명으로 추산된다 (조선일보 기사 참고, 2011.7.5).

다음은 2011년 7월 7일자 조선일보 권승준 기자의 기사를 토대로 김 상병의 내면세계를 탐구해 본 내용이다.

총기 난사사건을 일으킨 김모(19) 상병은 작년 7월 입대했다. 경북 구미에서 부모와 함께 살다 고등학교를 마친 뒤 곧바로 입대해 후임병들보다 나이가 어렸다. 게다가 정신적으로 불안한 모습을 보여 내무반 생활에 제대로 적응하지 못했다. 시한폭탄이나 마찬가지였던 셈이다.

소초장은 군 당국 조사에서 "훈련소에서 실시한 인성(人性)검사에서 불안, 성격장애, 정신분열증 등이 확인돼 지난해 9월 7일 전입한 뒤 특별관리 대상으로 관리해 왔다"고 발혔다. 김 상병의 동료들은 김모 상병에 대해 "다혈질이고, 불안정한 성격이었다"면서 "성격이 게을렀고 임무가 있으면 귀찮아하면서도 (밤샘 근무 후) 오전 취침시간에는 잠을 자지 않고 돌아다니는 등 이상한 징후를 보였다"고 진술했다.

그가 복무 중에 쓴 메모 중에는 "나를 바꾸려고 노력한 사람이 한두 명이 아니었다. 그만큼 (나는) 문제아였고, 학교 다닐 때 선생님이 뭐라고 하면 반항하고 욕하고 그랬다"며 "군대에서도 그때 성격이랑 똑같이 나오는 것 같다. 그냥 모든 걸 포기하고 다 끝내고 싶다"는 내용이 들어 있었다.

같은 부대 선임병과의 대화에서도 "나는 왜 이렇게 멍청할까, 나는 왜 이렇게 바보 같을까, 나는 어렸을 때부터 바보였고 지금도 바보다"라고 자책하는 모습을 보이기도 한 것으로 알려졌다.

이를 토대로 김 상병의 심리를 종합분석해 보면

★ 입대 전부터 내재되어 있는 분노, 반항, 성격장애를 지니고 있음
 → 어릴 적 성장과정 중 가정환경에서 애착관계, 인정, 지지결핍 등의 문제 탐색 필요

★ 고등학교 졸업 이후 대학진학을 하지 않음
 → 대부분이 대학재학 중 입대하는데 그에 따른 열등감은 없었을까?

* 자신이 바보 같다, 멍청이 같다는 자책, 자기비하감과 잠을 못자는 불면증, 수면장애 등의 징후를 지니고 있음

  → 우울증(불안 동반)을 의심해 볼 수 있다(과거병력: 정신분열증).

* 이런 개인적 문제에다가 부대 내에서 구타, 가혹행위, 기수열외에 따른 왕따, 따돌림에 대한 분노를 참지 못하고 폭발함(음주는 용기를 주어 행동화 하는데 촉진제 역할을 함)

* 김 상병의 불안정한 심리에 대한 군대 내 지휘조치 미흡 또한 사건의 커다란 원인이 된다.

  → 김 상병같이 시한폭탄 같은 병사에 대해 소대장, 부소대장이 중대장, 대대장에게 보고해서 병영생활전문상담관에게 전문상담을 받도록 해야 했다. 그래서 비전캠프(자살예방, 부적응병사들을 위한 프로그램) 등에 입소시켜 교육을 받게 하거나 거기서도 힘들면 현역부적합 처리 등의 조치를 취했어야 했다.

에필로그

1년 동안 적응이 어려운 병사들을 만나며 그들이 변화되어 보람도 많이 느꼈지만 안타깝게도 두 명의 병사를 자살로 잃고 말았다. 지금 생각해도 무척이나 가슴이 아프다. 고인들의 명복을 빈다.

그동안 전후방을 누비며 함께했던 우리의 사랑스런 장병들을 뒤로 하고 2011년 초에 계약기간이 만료되어 군부대 전문상담을 종료하게 되었다.

장병들에게 많은 도움을 주었다고도 생각하지만 여전히 많은 아쉬움이 남는다. 내가 도움을 주는 입장이었지만 나 역시 우리 병사들로부터 많은 배움을 얻는 기회가 되어 너무나 감사하다. 글로나마 그들에게 고마움을 전한다.

　요즘 베스트셀러인 김난도 교수의 "아프니까 청춘이다"의 내용처럼 우리 청년 병사들이 군생활의 어려움과 아픔들을 힘들지만 잘 이겨내면 그 시간들이 미래의 값진 밑거름이 됨을 믿었으면 좋겠다. 힘들고 지치지만 장차 변화되고 성숙되어 있을 자신들을 기대하길 바란다.

　그리고 이 글을 읽는 독자들이 이 글의 내용이 우리 군인들 대다수의 이야기인양 부정적으로 인식하지 않았으면 한다. 수만 명의 병사들 중 필자가 상담한 인원은 극소수의 인원이고 대다수는 지금도 건강하고 늠름하게 복무 중인 멋진 젊은이들임을 명심해 주었으면 한다.

　북한의 연평도 폭격 때 우리 젊은 병사들은 철책선을 굳건히 지키며 최전선에선 북한군 사격에 대항하며 작전을 성공적으로 수행했다. 너무나 믿음직스럽고 대견스럽기만 했다. 역시 P(Participation, Passion, Potential power) 세대의 젊은 우리 장병들이 있음으로 우리의 안보는 믿을 만한 것이었다.

필자 역시 군생활이 즐거웠고 전역 후에는 최전방을 자원하여 전문상담관으로 근무하며 행복한 시간들을 보냈다.

국방부상담관 시절 필자의 아들도 인접부대 최전방에서 군복무 중이었다. 군생활하면서도 부하들을 내 동생, 내 자식처럼 돌봐주고 관리하였지만 상담관 근무 중에는 병사들을 더욱 내 자식같이 관심을 갖고 그들의 아픔에 공감하며 상담했다.

당시 지휘관들은 적응이 힘든 병사들을 자신이 최대한 관리해 보다가 어려움이 생기면 전문상담관에게 의뢰하곤 했는데, 그들이 내게 의뢰해 온 병사들은 결과적으로 문제가 심각한 병사들이었다. 한 달에 45명에서 80여명을 상담했는데 이 글에 등장하는 병사들은 그중 더욱 힘들어해 필자가 각별히 관심을 가졌던 병사들이다.

간혹 부대 공중전화를 통해 힘들다고 전화하는 병사들도 있고 때론 자살을 생각하는 병사들도 있을 수 있기에 항시 긴장상태에서 핸드폰을 켜 놓는다. 지금도 전방과 각급부대에 근무하는 전문상담관들은 나와 같이 늘 긴장된 상태로 바쁘게 부적응병사들을 상담하고 있을 것이다. 그들에게 위로와 격려의 마음을 전한다.

그리고 끝으로 우리나라 군 장병들에게 마지막 인사를 전하며 글을 맺고자 한다.

"우리 대한건아 국군 장병 여러분 사랑합니다!"